U0940307

商业模式创新的
系统动力分析与路径设计

——中国制造企业的典型案例与经验证据

刁玉柱　著

本书受教育部人文社会科学研究青年项目“商业模式创新的系统动力机制与路径研究——中国制造业企业的典型案例与经验证据”（批准号：12YJC630033）、中国制造业发展研究院项目“‘技术–管理’双核心框架下我国制造企业商业模式创新研究”（立项编号：SK20140090-15）的资助。

科学出版社

北　京

内 容 简 介

本书聚焦我国制造企业商业模式创新的典型案例与最佳实践，厘清了商业模式创新的系统架构和内在机理，并对“技术-管理”双核视角下的商业模式创新路径、系统动力作用下制造企业的转型升级，以及高管特质、商业模式选择与企业绩效之间关系等问题进行了实证研究。

本书可供制造企业中高层管理者和政府工业管理相关部门公务人员阅读，还可作为高等院校、科研院所从事创新管理研究领域的学者的研究参考书。

图书在版编目（CIP）数据

商业模式创新的系统动力分析与路径设计：中国制造企业的典型案例与经验证据 / 刁玉柱著. —北京：科学出版社，2020.6

ISBN 978-7-03-051358-8

Ⅰ. ①商… Ⅱ. ①刁… Ⅲ. ①制造工业-工业企业管理-商业模式-研究-中国 Ⅳ. ①F426.4

中国版本图书馆 CIP 数据核字（2016）第 322496 号

责任编辑：杭 玫 / 责任校对：王丹妮

责任印制：张 伟 / 封面设计：无极书装

科学出版社 出版

北京东黄城根北街 16 号

邮政编码：100717

http://www.sciencep.com

北京建宏印刷有限公司 印刷

科学出版社发行 各地新华书店经销

*

2020 年 6 月第 一 版 开本：720×1000 1/16

2020 年10月第二次印刷 印张：13

字数：206 000

定价：118.00 元

（如有印装质量问题，我社负责调换）

目　　录

第 1 章　绪论 …… 1

1.1　商业模式创新研究的现实背景与理论基础 …… 1

1.2　研究切入点和科学性问题 …… 13

1.3　研究目的与研究意义 …… 15

1.4　研究内容与研究方法 …… 17

第 2 章　商业模式创新研究的热点论题与前沿演进 …… 21

2.1　引言 …… 21

2.2　研究设计 …… 22

2.3　商业模式创新研究的热点论题 …… 30

2.4　不同时期商业模式创新的研究前沿 …… 44

2.5　本章小结：商业模式创新研究的文献梳理与核心观点 …… 52

第 3 章　商业模式创新系统：要素、行为与架构 …… 55

3.1　商业模式创新的静态要素 …… 55

3.2　商业模式创新行为及其演化 …… 62

3.3　商业模式创新的系统架构 …… 65

3.4　本章小结：商业模式创新的系统观 …… 72

第 4 章　商业模式创新的机理分析 …… 75

4.1　引言 …… 75

4.2　研究设计 …… 75

4.3　研究方法 …… 77
4.4　商业模式的创新实践及其机理分析 …… 78
4.5　本章小结：商业模式创新机理的系统思考框架 …… 88

第 5 章　商业模式创新的路径设计 …… 91
5.1　基于属性差异与发展阶段的商业模式创新路径“目标池” 91
5.2　企业家：商业模式的设计者与商业模式创新的启动者 …… 95
5.3　创新理念与工具 …… 97
5.4　商业模式创新的发力点 …… 99
5.5　企业商业模式创新的技术路线图 …… 100
5.6　本章小结：复杂系统视角下企业商业模式创新的路径 … 109

第 6 章　“技术-管理”双核创新视角下的商业模式创新—— 海尔案例 …… 111
6.1　引言 …… 111
6.2　文献回顾与命题假设 …… 112
6.3　研究设计 …… 118
6.4　案例描述 …… 120
6.5　案例分析及主要发现 …… 122
6.6　本章小结：企业技术创新与管理创新耦合机理的整合框架 130

第 7 章　系统动力作用下商业模式创新的路径选择——后发地区三家制造企业弯道超车的案例研究 …… 134
7.1　引言 …… 134
7.2　研究方法 …… 135
7.3　研究过程 …… 136
7.4　本章小结：企业依托商业模式创新实现弯道超车的一般路径 …… 143

第 8 章　高管特质、商业模式选择与企业绩效—— 来自制造企业的经验证据 …… 146
8.1　引言 …… 146

8.2 理论基础 …… 147
8.3 研究设计 …… 150
8.4 实证分析 …… 154
8.5 本章小结：高管特质、商业模式选择及二者对企业绩效的影响 …… 162

第9章　研究结论 …… 165

参考文献 …… 173

第1章 绪 论

1.1 商业模式创新研究的现实背景与理论基础

1.1.1 商业模式创新已经成为企业创新体系的重要组成部分

自20世纪90年代中后期以来，随着网络经济的蓬勃发展，商业模式问题日益引起企业界的重视。当前，商业模式实践已经远远超出网络经济领域，通过商业模式而不仅仅是产品竞争来获取竞争优势，已经日渐成为企业界的共识。传统经济运行中的产品、业务流程、交易市场和竞争角色都在深刻变化，新的商业模式和管理方式层出不穷。作为产品创新、工艺创新的替代或补充，商业模式创新已被视为企业最重要的战略任务（Amit and Zott，2012；Mezger，2014；Loebbecke and Picot，2015）。商业模式创新不仅比产品创新和技术创新成本低，若以系统方式加以处理，其操作性也可获得显著提升（Girotra and Netessine，2011）。总之，商业模式创新已然成为企业创新体系的重要组成部分。

鉴于商业模式创新的重要意义，学者们纷纷借助价值链、企业能力、社会资本、商业生态系统等理论工具，从创新轨迹、战略规划工具、企业主导逻辑、竞争战略等多维角度来理解商业模式创新问题，取得了丰硕的研究成果（刁玉柱和白景坤，2012；Hacklin and Wallnöfer，2012）。商业模式已经被提升到与市场机制并行的高度

（Teece，2010），用来解释企业为何存在、如何运作等问题，从而成为科斯定理的新注解。商业模式及其创新已然成为当今传播速度最快、理论普适性最强、影响范围最广的管理理论。但同时也应看到，商业模式并没有找到相应的理论根基（Teece，2010）；商业模式创新在理论界的地位十分尴尬，既难以与价值链重构、流程再造、战略变革、技术创新等撇清关系，又缺乏封装相关管理理论的底气。学者们甚至就连对商业模式创新的概念与分类、商业模式及其创新的理论边界等基础性问题的看法，都未能取得最起码的一致。如表 1-1 所示，学界对商业模式创新的概念界定与基本结论存在较大差异。

表 1-1　学界对商业模式创新的概念界定与基本结论

所用词汇	概念界定与基本结论	研究者（年份）
design	创新是个别部门行为，企业需要主动设计	Zott 和 Amit（2002，2004，2007，2009）；Osterwalder（2004）；Fawcett 等（2009）；Casadesus-Masanell 和 Ricart（2011）；Wei 等（2014）；Kajanus 等（2014）
reinvent	创新必须是颠覆性的结构设计，企业需要主动选择	Voelpel 等（2004）；Johnson（2008）；Tiffany（2009）；Govindarajan 和 Trimble（2011）
evolution	创新是客观演化的结果，是长期、整体的企业行为，内生动力在创新中起决定性作用	Sharma 等（2007）；Zollo（2013）；Velu（2016）
change	创新是短期、随时、企业个别部门的行为，是企业主观改变的结果	Yip（2004）；Pateli 等（2005）；Osiyevskyy 和 Dewald（2015）
develop/development	创新是企业经营模式的高层级跃进，内生动力起决定性作用	Petrovic 等（2001）；Morris 等（2005）；Dmitriev（2014）；Bogers 等（2015）
innovation/innovate	包含上述研究的综合意义	Chesbrough（2000，2007）；Chapman（2002）；Gagnon（2003）；Mitchell（2003，2004）；Pohle 等（2006）；Giesen 等（2007）；Cavalcante（2011）；Markides（2013）；Martins 等（2015）；Omidyar（2015）；Garcia-Gutierrez 和 Martinez-Borreguero（2016）

资料来源：转引自刁玉柱和白景坤（2012），有改动

越来越多的研究开始将商业模式视为一种由互动活动组成的系统结构，这些活动既存在于企业内部，也存在于企业与企业或者其他利益相关者之间。因此，仅仅将商业模式创新问题聚焦在某一企业的某一活动是不恰当的，必须跳出商业模式来审视商业模式，重视外源要素对商业模式创新的影响。尤其在当前云物移大智①的大环境下，由于产品生命周期缩短，研发成本逐渐攀升而产品收入却逐渐降低。因此企业不仅要明确自身经营目标，还需要与外部建立共同发展关系（co-development relationships），调整商业模式使之与合作伙伴相契合（Chesbrough and Schwartz，2007）。Chesbrough（2007a）将商业模式与开放式创新建立联系，更多地利用外部技术，可减少创新开发成本，缩短研发时间。研究提供的三家制造企业②的案例也表明，企业最初的商业模式是封闭的，而随着商业模式的不断演化，开放性特征渐趋明显。

1.1.2 商业模式及其创新已经成为我国政府推进产业与企业改革的重要抓手

《国民经济和社会发展第十三个五年规划纲要》指出，组织实施"互联网+"重大工程，加快推进基于互联网的商业模式、服务模式、管理模式及供应链、物流链等各类创新，培育"互联网+"生态体系，形成网络化协同分工新格局。

国务院、国务院办公厅发布的各类规划、通知、意见等高度重视商业模式及其创新在国民经济发展中的作用。检索发现，商业模式最早于2009年4月出现在国务院办公厅印发的《纺织工业调整和振兴规划》中，规划指出要优化和创新商业模式，加强营销网络建设，减少流通环节。截至2017年7月31日，涉及商业模式内容的国发或国办发文件共有92个，其中提到商业模式131次，提到商业模式创新76次。

① 即云计算、物联网、移动互联网、大数据和智慧城市。

② IBM、P&G和空气化工产品公司。

上述文件既涉及传统制造业的转型升级，又涉及战略性新兴产业的创新发展。其中，《中国制造 2025》指出，全球制造业格局面临重大调整。我国制造业转型升级、创新发展迎来重大机遇。新一代信息技术与制造业深度融合，正在引发影响深远的产业变革，形成新的生产方式、产业形态、商业模式和经济增长点。各国都在加大科技创新力度，推动三维（3D）打印、移动互联网、云计算、大数据、生物工程、新能源、新材料等领域取得新突破。基于信息物理系统的智能装备、智能工厂等智能制造正在引领制造方式变革；网络众包、协同设计、大规模个性化定制、精准供应链管理、全生命周期管理、电子商务等正在重塑产业价值链体系；可穿戴智能产品、智能家电、智能汽车等智能终端产品不断拓展制造业新领域。积极发展服务型制造和生产性服务业。加快制造与服务的协同发展，推动商业模式创新和业态创新，促进生产型制造向服务型制造转变。大力发展与制造业紧密相关的生产性服务业，推动服务功能区和服务平台建设。《中国制造 2025》还强调要深化产业国际合作，加快企业走出去。加强顶层设计，制定制造业走出去发展总体战略，建立完善统筹协调机制。积极参与和推动国际产业合作，贯彻落实丝绸之路经济带和 21 世纪海上丝绸之路等重大战略部署，加快推进与周边国家互联互通基础设施建设，深化产业合作。发挥沿边开放优势，在有条件的国家和地区建设一批境外制造业合作园区。坚持政府推动、企业主导，创新商业模式，鼓励高端装备、先进技术、优势产能向境外转移。加强政策引导，推动产业合作由加工制造环节为主向合作研发、联合设计、市场营销、品牌培育等高端环节延伸，提高国际合作水平。

《国务院关于深化制造业与互联网融合发展的指导意见》（国发〔2016〕28 号）指出，支持制造企业与互联网企业跨界融合。鼓励制造企业与互联网企业合资合作培育新的经营主体，建立适应融合发展的技术体系、标准规范、商业模式和竞争规则，形成优势互补、合作共赢的融合发展格局。推动中小企业制造资源与互联网平台全面对接，实现制造能力的在线发布、协同和交易，积极发展面向制造环节的分享经济，打破企业界限，共享技术、设备和服务，提升中小企业快速响应和柔性高效的供给能力。支持制造企业与电子商务企业开展战略投资、品牌培育、网上销售、物流配送等领域合作，整合线上线下交易资源，拓展销售渠道，打造制造、营销、物流等高效协同的生产流通一体化新生态。

《关于2014年深化经济体制改革重点任务的意见》指出，发挥市场机制对产业结构优化升级的决定性作用。抓紧清理各类优惠政策，强化环保、安全、能耗、用地等标准，通过市场竞争实现优胜劣汰，促进落后、过剩产能退出，推动企业加强管理创新和商业模式创新。完善设备加速折旧等政策，促进企业技术改造。建设创新平台，推动战略性新兴产业发展。

《国务院关于化解产能严重过剩矛盾的指导意见》（国发〔2013〕41号）指出，深化国有企业改革，引导国有资本从产能严重过剩行业向战略性新兴产业和公共事业领域转移。鼓励企业强化战略管理、培育知名品牌，加强产品创新、组织创新、商业模式创新，提升有效供给，创造有效需求。提高企业管理信息化水平，推进精细化管理。注重发挥企业家才能，加强创新型人才队伍建设，完善以人为本的企业人才激励机制。总结推广企业管理创新优秀成果，实施企业管理创新示范工程。

1.1.3 商业模式创新相关研究已经形成几大较为清晰的视角

1. 战略分析视角：战略分析与选择是商业模式创新的前提条件与逻辑起点

由于商业模式创新首先表现为组织战略的生成与调整，故战略分析工具及理论框架自然而然地被应用到早期的研究中。例如，Wölfle（2000）将SWOT（strengths，weakness，opportunity，threats，优势–劣势–机会–威胁）分析框架作为分析外部环境和组织现状的工具引入商业模式变革的研究中。Knecht和Bronner-Fraser（2002）也认为，商业模式变革是一个不断试错的过程，环境分析与组织现状分析是商业模式变革的前提条件。

随着战略与商业模式创新关系研究的深入，更多学者开始认识到，仅仅将战略分析与选择看作商业模式创新的一般条件是不够的，Petrovic 等（2001）、Auer 和 Follack（2002）甚至认为战略分析本身就是商业模式创新的逻辑起点与重要组成部分。在一定意义上，战略甚至影响着企业商业模式创新的方向。例如，Yip（2004）指出，战略与商业模式紧密相连，影响着企业的经营活动进而决定其市场竞争优势。具体来说，常规性战略（routine strategy）可以帮助企业在现有商业模式下获取更好的竞争优势，而激进性战略（radical strategy）可以促进商业模式变革，进而使企业适应新的竞争环境。Giesen 等（2007）认为决定企业是否进入新产业、如何界定现有产业，以及如何创造一个新产业，必须依靠战略分析以把握企业所处的竞争环境。而这个过程正是产业模式（industry model）的创新过程①。Anderson 和 Kupp（2008）研究了非洲、印度、墨西哥和菲律宾的手机销售及电信服务市场，指出企业如果将低收入群体作为目标市场，则必须通过重构价值链、扩大合作范围及构建本地能力来推动企业的商业模式创新，这突出显示了市场定位战略对商业模式创新的重要影响。

值得一提的是，企业战略决定商业模式创新而不是相反的观点，并没有得到所有研究者的认同。例如，Seddon 和 Lewis（2003）构建了一个全新的战略与商业模式的比较框架，认为战略是企业应对市场竞争的产物，是显性的、具体的，而商业模式是企业获取、实现经济价值的内在逻辑，是隐性的、普适的。在这个框架下，他们认为应该是隐性的价值创造模式决定具体的企业战略，也就是说，虽然企业采取的具体战略不同，但很可能都是某一种商业模式的显性化。所以，按照他们的逻辑，恰恰是商业模式的创新引起企业战略的改变，而不是相反。

从以上分析可以看出，战略分析研究视角认识到企业战略与商业模式创新之间的关系，认为战略分析与选择是商业模式创新的前提条

---

① Giesen 等（2007）认为，商业模式创新包括产业模式创新、收入模式创新和组织模式创新三部分。

件与逻辑起点，这对于企业选择一个恰当的目标市场、产品定位与竞争位势非常重要，具有重要的理论与实践意义。此外，将商业模式创新提升到企业战略高度进行研究，纠正了商业模式早期研究中仅仅将商业模式等同于盈利模式的弊端，进而使商业模式创新研究从关注短期盈利转到重视长期绩效上来。

战略分析视角的缺陷在于其过于强调外部环境对商业模式的影响，而对企业自身要素重视不够，尤其缺乏对企业价值创造内在机理的研究。此外，尽管学术界已经认识到企业战略与商业模式的相互关系，但研究大多集中于战略决定商业模式创新这个命题上，对商业模式影响企业战略创新的探讨则明显不够。

2. 要素推动视角：技术、知识及组织创新是商业模式创新的主要动力

技术是商业模式创新中最早被关注的要素之一。Chesbrough 和 Rosenbloom（2002）十分强调技术在商业模式创新中的作用，认为商业模式是位于技术与经济价值的中间构件（mediating construct），一个成功的商业模式的形成就是将技术潜力与经济价值联系在一起的过程。当然，当商业模式概念的使用范围由电子商务企业扩展到一般企业上时，技术在商业模式创新中的地位也随之发生变化。Chesbrough 显然意识到了自己早期认识有失偏颇，至少是不够全面的。因此，在写于 2007 年的一篇文章中，他便直截了当地表明了自己的观点，商业模式创新：不仅仅是技术①。在该文中，Chesbrough 总结出 6 种层层递进的商业模式，认为商业模式创新就是企业由低层级模式向高层级模式的不断跃进。对于企业来说，商业模式的层级跃进并不是自然而然完成的，需要包括技术创新在内的各种要素的共同推动。

技术与企业拥有的知识及学习能力是密不可分的。或者说，技术只是企业各种要素尤其是静态异质性资源、动态学习能力共同作用下的一个产物。例如，Petrovic 等（2001）明确指出，商业模式变革与改变管理者心智模式的能力有关，因此有必要将双环学习引入

① Business model innovation：it's not just about technology anymore.

心智模式，通过整体、广泛、长期和动态的观察来重新设计商业模式。罗珉等（2005）认为，除一般性的资源外，企业拥有的知识及由此引起的学习能力是推动商业模式创新的重要力量。Osterwalder（2004）不仅肯定了知识在商业模式创新中的重要地位，甚至研究了知识推动商业模式创新的具体路径。他认为企业商业模式变革可以分三步走：一是对商业模式进行显化，并对商业模式的不同部分进行描述，即将隐性知识转化为显性知识；二是对商业模式进行深入分析，形成新的商业创意，即将显性知识转化为隐性知识；三是对商业创意进行整合，形成新的商业模式，即将隐性知识再转化为显性知识。Tongur 和 Engwall（2014）指出要统筹考虑技术和商业模式创新。我国学者李梓房和吕峻（2007）则不仅对知识转化与商业模式变革间的关系进行定性描述，还提出了企业知识结构异质性的量化分析方法。有些企业正是通过改变企业结构及企业在价值链中的作用、重新定义组织边界等方式，成功地实现了商业模式的跃级与创新（Giesen et al.，2007）。

应该说，认识到知识转化、学习能力是商业模式创新的要素，进而研究知识结构及其相互转化对商业模式变革的影响，对于明确企业价值来源及价值创造过程意义重大。但随之而来的一个问题是，知识推动商业模式变革，是否还存在其他介质或者更深层次的机理？关鑫和高闯（2008）正是由此出发，发现知识与社会资本相互联结，共同作用于企业商业模式创新。他们指出，企业社会资本以知识积累、知识创新和交易费用作为其作用的载体，通过影响企业的学习和技术创新方式，约定企业治理边界，最终框定企业商业模式创新的实现方式。他们还指出，企业内部社会资本和企业外部社会资本不仅在内容构成上存在差异，在企业商业模式创新的作用机理上也存在显著差异。关鑫与高闯引入社会资本对商业模式创新问题的探讨，不仅深化了企业知识与商业模式、知识转化与模式创新的关系研究，还将资源差异、技术创新、学习方式、组织创新等问题内化到社会资本这一分析框架下，对于系统揭示商业模式创新的内在机理大有裨益。

除技术、知识要素外，也有学者认为组织形态变化不只是商业模式创新的结果，组织架构及制度创新本身也是企业商业模式创新的重要组成部分。例如，Giesen 等（2007）指出，改变企业结构及企业在价值链中作用、重新定义组织边界等，是企业进行组织创新进而实现商业模式创新的重要方式。

与上述侧重于商业模式创新的某一要素的研究相比，李东和王翔（2006）的研究则更为全面。他们运用 Meta 方法对构成商业模式的基础要素进行分析归纳，并据此研究了企业商业模式变革的规律，提出关于创新顺序的螺旋模型假设，认为一个企业的商业模式变革对应于企业相应的成长阶段，沿着“顾客价值转换→成本结构转换→利润保护方式转换”的顺序进行。

总体来看，与战略分析视角的研究相比，要素推动视角的分析认识到技术、知识甚至组织创新等要素的作用，使商业模式创新研究落到实处，关于组织内外知识转化、学习过程的研究也为商业模式创新的路径及取向提供了理论支撑，但关于要素推动创新的介质、内在机理则有待于进一步研究。

3. 价值创造视角：价值链的升级转换是商业模式创新的本质逻辑

商业模式的本质内涵是组织创造价值的核心逻辑（Zott and Amit, 2009a; Dubosson-Torbay et al., 2002; 高闯和关鑫, 2006; 原磊, 2007），相应地，商业模式创新也被大多数学者视为价值链、价值网络或者价值系统的升级转换。

Christensen（1997）指出，企业所处的价值系统面临着外部环境各种各样的变化，如技术变革、顾客需求、法律环境、社会环境和竞争压力变化等,因此企业必须不断对自身所处的价值系统的不同环节进行整合——或者改变某些环节，或者改变它们的组合方式，以实现商业模式变革。Zott 等（2000）研究了 30 家欧洲的电子商业企业后发现：提升效率（如培育品牌信誉以降低消费者心理成本、节约消费者购买时间）与保持黏性（即吸引、保留顾客）是电子商务企业价值创造的两种基本手段。他们强调，提升效率与保持黏性不单纯是一个公司的事情，需要分析自身企业与价值链上其他节点企业间的关系。Magretta（2002）将商业模式创新与价值链理论相结合，认为新的商业模式都是对现有价值链的调整，也是对价值链中的两类基本活动（一类是与制造有关的商业活动，另一类是与销售有关的商业活动）的创新。

从国内研究来看，高闯和关鑫（2006）以企业基本价值链为基础，运用其在整条产业价值链（包括供应商价值链、渠道价值链与顾客价值链）上的不同变动方式及其自身基础价值活动的创新来解释企业实现商业模式创新的内在机理。与高闯和关鑫的研究视角类似，王阅等（2009）基于商业模式与供应链的内在一致性，指出企业确定商业模式的转型方向后，可以利用供应链的思想，通过对企业可利用的资源的组合方式的优化逆价值流而上，逐一对产业链进行调整。张晓玲和罗倩（2011）基于触发源和提供物创新类型两个维度研究了新客户价值主张的典型类型与生成障碍，认为新客户价值主张是商业模式创新的主要驱动因素。

与上述研究稍有不同，原磊（2007）并没有将价值创造与价值链、供应链相结合，而是借助模块化组织理论中的“结构—界面—标准”思想，提出商业模式的3-4-8架构体系。他认为顾客价值、伙伴价值、企业价值构成商业模式的联系界面，价值主张、价值网络、价值维护与价值实现构成商业模式的单元模块，而目标顾客、价值内容、网络形态、业务定位、伙伴关系、隔绝机制、收入模式、成本管理则可称为商业模式的结构模块。在3-4-8架构体系下，原磊认为商业模式创新可以通过联系界面、结构模块或二者混合来进行。原磊基于组织模块化理论对商业模式创新路径做出探讨，这有利于我们全面把握企业价值创造活动，但缺乏对各价值活动之间因果关系的探讨。

价值创造视角借助价值链等工具对商业模式的价值来源做出系统分析，在一定程度上揭示了商业模式创新的内在机理，进而总结出商业模式创新的本质，统一了商业模式创新的研究思路，具有重大的理论意义。但问题在于，如果说是价值链的升级转化推动着企业商业模式创新，那又是什么在推动价值链的升级转换？在价值链内部是否存在着一个逻辑自洽、相互耦合的系统？对于这些问题，价值创造视角并没有给予应有关注。另外，对于某个特定的企业来说，价值链、组织模块化理论只是为企业提供了价值改进的基本思想，解决了企业价值的理论来源问题，而并没有对创新的触发点、助推手等现实问题做出研究。因此，该视角的不足之处在于理论性太强，缺乏对企业商业模式创新的实践指导意义。

4. 系统整合视角：企业系统间的因果联系是商业模式创新的内在机理

注重描述企业运营的整体性与系统性，运用系统理论及相关分析工具来研究企业价值创造活动，是近年来商业模式研究的新趋势。

Casadesus-Masanell 和 Ricart（2007）从系统动力角度研究商业模式的定义、创新过程及绩效评估等问题，指出商业模式在内容上由选择（choices）和结果（consequences）构成，在本质上表现为一种选择到结果的因果关系。除了强调某一企业组织内部从选择到结果的因果互动关系外，他们还十分重视不同企业之间商业模式的互动问题，认为商业模式竞争的实质，就是修改企业的商业模式去适应竞争对手的选择，同时对竞争对手的商业模式变化做出反应。商业模式创新过程，就是企业与竞争对手、辅助组织、环境的共同演进过程。根据 Casadesus-Masanell 和 Ricart 的逻辑，一个创新成功的商业模式，其内部必然存在一个良性的“从选择到结果”的正反馈系统。Casadesus-Masanell 和 Ricart 的研究把商业模式创新的内在机理落实到存在于企业内部、企业与其他利益相关者之间的因果联系上来，从而使商业模式创新的系统观更为具体，也为企业评估现有商业模式运作绩效，进而开展商业模式创新实践提供了更为恰当的理论工具与实践指导。

Zott 和 Amit（2009b）同样强调商业模式内部“活动到结果”的因果机制，认为每个活动不仅会影响资本支出、定价水平进而决定边际收入，更重要的是决定了谁是企业的顾客和竞争者。商业模式是一个由互动活动组成的系统，这些互动活动不仅仅与企业自身紧密相关，还跨越企业边界，与其他组织系统的战略、模式及策略频繁互动。

与价值创造视角的研究者相比，Zott 和 Amit（2009b）更加清晰地分析了商业模式创新与价值创造间的关系。他们指出，商业模式活动系统推动企业通过利益相关者创造价值，同时与他们分享这些价值。因此，企业在对当前商业模式进行创新时必须注意两大环节：一是对要素进行设计，包括内容、结构与治理，它们描述了企业互动系统的基本架构（architecture）；二是对主题（theme）进行设计，即设计商业模式的独特性（novelty）、锁定（lock-in）、辅助组织（complementarities）和效率（efficiency）[①]。可以这样认为，价值创造视角所采用的价值链、供应链、模块组织等理论或工具只是单纯指明了企业价值的来源问题，这实际上只是解决了商业模式创新的基本架构问题，而 Zott 和 Amit（2009b）提出的 NICE 框架则在此基础上进一步揭示了企业价值的生成机理。

首先，系统整合视角着眼于企业内部的商业模式创新及企业之间的商业模式互动问题，将商业模式创新看作一系列因果联系的必然结果，认为商业模式创新是一个内外互动、内生演进的动态过程，因而比要素推动视角更能解释商业模式创新的内在机理。其次，该视角认为商业模式创新作为企业创新的一种重要组成部分，并非是企业被动选择或者单纯进化的过程。企业完全可以在系统分析的基础上主观设计商业模式，而且明确指出商业模式的设计者应是企业家或职业经理人[②]，因此相比价值创造视角而言，系统整合视角不仅在价值创造机理上更具解释力，还大大提高了商业模式创新理论研究的实践价值。最后，在强调商业模式创新因果机制的同时，Casadesus-Masanell 和 Ricart（2007）还对战略、策略与商业模式做出辨析，指出战略能够导致特定的选择及结果[③]，而选择及结果则构成了商业模式，进而得出“企业商业模式是战略的反映”的结论，这又在某种意义上深化了战略分析

---

① 即 NICE 框架。

② Casadesus-Masanell 和 Ricart（2007）指出了企业家精神在商业模式创新中的重要作用。他们认为，正是有了企业家的“设计”，才启动了企业商业模式的良性反馈系统，进而推动了企业的商业模式创新。

③ 按照 Casadesus-Masanell 和 Ricart（2007）的解释，企业策略就是这些因果互联的“选择及结果”。

视角的研究。

从以上分析可以看出，Casadesus-Masanell 和 Ricart、Zott 和 Amit 从企业活动的因果联系入手，对涉及商业模式创新的战略与策略、价值创造机理等问题做出探讨，试图为商业模式创新研究建立起一个统一的分析框架[①]。但该研究视角的局限性也恰恰在于此，由于学者们大多采用案例研究方法对商业模式创新的一般框架进行探讨，因而在一定程度上影响了该框架的科学性及普适性。

1.2 研究切入点和科学性问题

1.2.1 本书的研究切入点

总体而言，盈利模式视角能够明确企业价值创新的实现方式，但缺乏对创新能力领域的持续关注。战略分析视角注重探讨商业模式与竞争环境、战略规划、运营策略的关系问题，能更好地指导企业实践，却缺乏对企业价值终极来源的解释力；要素推动视角侧重技术等静态资源的利用，关于知识转化、学习过程等组织能力的分析也为商业模式创新的路径及取向等提供了理论指导，但存在对商业模式价值创造机理解释不足的缺陷；价值创造视角虽然基于价值链理论能够较好地揭示出商业模式创新的内在机制，但又因过于抽象而缺乏实践价值。

从 Casadesus-Masanell 和 Ricart（2007）、Zott 和 Amit（2009b）等的研究看，注重企业运营的整体性与系统性，运用系统理论及相关分析工具来研究商业模式创新活动，是近年来商业模式创新研究的新趋势。商业模

① Petrovic 等（2001）、Auer 和 Follack（2002）都曾借用系统科学、系统动力学的理论及工具来研究商业模式及其创新活动，Casadesus-Masanell 和 Ricart（2007）、Zott 和 Amit（2009b）的贡献在于细化了企业活动系统内部的因果机制研究。因此，严格地讲，Casadesus-Masanell 和 Ricart、Zott 和 Amit 只是系统整合视角的集大成者而非开创者。

式的创新过程，就是企业与竞争对手、辅助组织、环境共同演进的过程。

商业模式创新的系统观强调企业活动的因果联结属性，同时极为关注创新绩效问题，为商业模式创新机理及其路径研究提供了诸多启示。例如，徐迪和李煊（2010）基于商业模式及其创新的复杂性特征，提出采用计算实验方法研究商业模式创新系统的建议。刁玉柱和白景坤（2012）采用逐项复制方法研究了商业模式创新的四个案例，对创新的基本机理做出验证，指出企业商业模式创新的本质是价值系统创新。企业战略分析、创新要素利用、收入模式设计构成商业模式创新的三大模块，分别决定了企业的价值来源、价值创造及价值实现方式。企业商业模式创新的显著特征之一就是企业间互动——企业应当也必须与外部节点保持互动，通过商业模式创新来适应环境要求，处理竞争合作关系，进而为企业自身创造生存机会（刁玉柱和白景坤，2012）。

但总体来看，目前的研究仍处于创新系统的描述性研究阶段，缺乏企业创新实践的实证研究，尤其缺乏对中国制造业企业的探索式研究，这也正是本书的基本切入点。

1.2.2 本书研究的科学性问题

商业模式是企业为顾客创造价值的主导逻辑，是企业核心竞争力的重要体现。但与此同时，企业商业模式一经确立，同时也就存在创新刚性这一问题，进而阻碍企业持续创新。因此，从这一角度来说，设计或创造一个模式是重要的，推进企业商业模式持续性创新同样重要。商业模式创新就是选择、调整和改进某种商业模式（chesbrough and schwartz，2007）。企业必须依靠商业模式创新这一获取动态能力的微观基础，使其商业模式不断适应复杂多变的竞争环境（chesbrough and schwartz，2007）。

Casadesus-Masanell 和 Zhu（2013）将熊彼特创新体系中的组织运营的新方式[①]称为商业模式创新。Chesbrough 和 Rosenbloom（2002）

① new ways to organize business.

认为商业模式是位于技术与经济价值的中间构件，一个成功商业模式的形成就是将技术潜力与经济价值联系在一起的过程。

本书将商业模式创新视为企业内部价值活动回应外界环境变化的结果，企业商业模式创新的本质是价值系统创新。从企业内部看，企业战略分析、创新要素利用、收入模式设计构成商业模式创新的三大模块，分别决定了企业的价值来源、价值创造及价值实现方式。从企业外部看，商业模式创新并不是单个企业的孤立活动，必须与外部环境及其他企业的商业模式保持互动（刁玉柱和白景坤，2012）。

本书聚焦我国制造业商业模式创新的典型案例与最佳实践，试图通过分析商业模式创新的要素、行为与架构，厘清商业模式创新的系统机理，设计出商业模式创新的路径，并采用实证研究方法探讨“技术–管理”双核视角下的商业模式创新、系统动力作用下制造企业弯道超车，以及高管特质、商业模式选择与企业绩效等问题。

1.3 研究目的与研究意义

1.3.1 研究目的

本书将商业模式创新视为企业内部价值活动回应外界环境变化的结果，拟通过对我国制造业商业模式创新的典型案例与最佳实践的系统研究，探讨商业模式创新的因素、行为和系统架构。在此基础上，分析商业模式创新驱动因素与价值活动之间的因果联结机制，以及创新的触发动因与实现模式，揭示推动商业模式创新的系统动力机制。进而，基于管理创新过程提炼总结企业家视角下商业模式创新的技术路线图。最后，在上述理论分析与实证研究的基础上，本书还对当前经济形势下我国制造业企业发展战略与盈利模式的转型等问题做出单案例、多案例和大样本实证研究，以明确我国制造业企业商业模式创新的机理及路径。

1.3.2 研究意义

1. 理论价值

（1）本书对商业模式创新的机制与路径展开系统思考，这是构建商业模式创新整合研究框架的一大尝试。商业模式创新是近年来企业创新与企业能力研究领域的热点与焦点，但由于与商业模式创新相关的企业活动较为庞杂，加之学者们的研究假设、分析视角又各有不同，故 Amit 和 Zott（2001）意义上的整合研究框架并未形成。本书基于系统思考与系统动力学的理论，通过厘清企业商业模式创新的典型案例与成功实践，挖掘存在于创新驱动因素与价值活动之间的因果联结机制，揭示商业模式创新的动力机制等"黑箱"内容，进而构建商业模式创新的整合研究框架。

（2）本书为商业模式及其创新研究提供了新的思路、视角与方法。从研究范畴与研究对象来看，学者们的关注焦点还大多集中在网络产业，抑或金融、电信等服务产业，而鲜见制造业领域的实证研究，尤其缺少对中国制造业企业的研究探讨。鉴于商业模式创新在战略规划、盈利模式、技术创新等问题分析上的优势，本书将其研究范畴拓展到微观层面的制造业企业，能够为商业模式创新研究提供更为广阔的分析视角与更为丰富的理论基础。

2. 实际应用价值

（1）从当前我国企业的创新实践来看，缺乏自主创新能力、单纯依靠技术引进致使众多制造业企业陷入"落后—引进—再落后—再引进"和"能力弱—依赖—能力越弱—越依赖"的双重怪圈，我国制造业企业的发展日益呈现出"OEM[①]锁定"趋势。因此，基于商业模式创新理论切入对制造业创新升级问题的研究，为制造业企业创新提供样本模式与可行路径，是破解当前我国企业创新难题的一个有益探索，对于增强制造业企业的技术创新与管理创新能力、改造提升制造业发

① OEM：original equipment manufacturer，原始设备制造商。

展水平具有重要实践意义。

（2）商业模式及其创新已经成为我国政府推进产业与企业改革的重要抓手。国务院、国务院办公厅发布的规划、通知、意见等高度重视商业模式及其创新在国民经济发展中的作用，如在《国务院关于深化“互联网+先进制造业”，发展工业互联网的指导意见》中指出强化工业互联网平台的资源集聚能力……不断探索商业模式创新，通过资源出租、服务提供、产融合作等手段，不断拓展平台盈利空间，实现长期可持续运营。在党和政府提出要发展现代产业体系、提高产业核心竞争力，改造提升制造业的大背景下，本书能够对我国制造业企业现有的转型升级提供解释，还可以为政府部门建立健全自主创新的产业政策提供新的视角与理论依据。

1.4 研究内容与研究方法

1.4.1 研究内容

1. 商业模式创新研究的热点论题与前沿演进

商业模式创新已然成为企业创新体系的重要组成部分。作为产品创新、工艺创新的替代或补充，商业模式创新已被视为企业最重要的战略任务。商业模式创新不仅比产品创新和技术创新成本低，若以系统方式加以处理，其操作性也可获得显著提升。商业模式设计不仅与企业中的市场、客户关系、财务、战略规划、人力资源、研发、生产等都有关，甚至还跨越企业和产业边界，包含顾客、供应商、竞争者和其他利益相关者，是将相关各方巧妙编在一起的“剧本”。

但我们也应看到，商业模式创新领域的研究仍有较大空间。具体表现为商业模式创新与价值链重构、流程再造、战略变革、技术创新等理论之间有何种关系，商业模式研究相应的理论根基应该是什么。

本书采用文献计量软件 CiteSpace 对商业模式及其创新领域相关

研究成果进行计量研究。借助关键文献搜索共被引文献分析和知识图谱绘制等，厘清商业模式创新研究的热点论题和前沿演进。

2. 商业模式创新系统的要素、行为与架构研究

本书从静态要素、动态行为和系统架构三个层面研究商业模式创新的机理和过程。其中静态要素主要研究商业模式及其创新与战略管理、技术、知识产权和其他价值链要素的密切联系。动态行为研究主要是从动态能力、组织学习等视角审视企业商业模式创新，研究要件或结构（角色、参数）修改与企业层面的创新行为之间的因果联系。系统架构研究主要基于开放式创新、利益相关者理论，分别从企业内、外两个层面探讨。

3. 商业模式创新的系统机理研究

本书借助系统思考的理论与方法，在行业内部采取逐项复制原则、跨行业采取差别复制原则开展多案例研究，拟对存在于案例及其背后内在逻辑中的各种关系进行辨析，揭示商业模式创新驱动因素与价值活动之间的因果联结机制，并对创新的触发动因与实现模式进行研究，最终使商业模式创新的内在机理不断涌现。

4. 商业模式创新的路径设计研究

商业模式创新最直观的表现，就是企业在不同发展阶段对某种商业模式的动态选择。相应地，从理论探讨看，商业模式选择的逻辑起点源于商业模式的分类学研究。Dubosson-Torbay 等（2002）较早地研究了商业模式的类型问题。其核心思想是通过分析商业模式的要素、架构和界面规则，总结出不同的商业模式原型，为企业商业模式选择提供借鉴。本书通过对商业模式属性差异与阶段性特征的把握，建立商业模式创新路径的“目标池”，继而基于管理创新过程提炼总结企业家视角下商业模式创新的技术路线图。

5.“技术–管理”双核视角下的商业模式创新研究

随着技术变革和用户需求的不断变化，缺乏创新理论指导、单

纯专注于技术领域的技术创新容易导致企业面临创新抵制或创新失败的“两难困境”。本书从商业模式创新视角切入研究技术创新与管理创新之间的关系，以海尔集团“倒逼”体系的提出与运作过程为案例，对企业技术创新与管理创新耦合发展的内在机理进行探索性单案例研究。

6. 系统动力作用下制造企业弯道超车的案例研究

国内外企业实践表明，“能力追赶”是发展中国家后发企业实施赶超战略的关键，而商业模式创新是后发地区企业赶超领先企业、实现弯道超车的有效方式之一。本书着眼于落后地区与发达地区在区位优势、竞争形势和管理情境等方面的差异，以商业模式创新切入后发企业赶超问题，对沂蒙老区制造业企业商业模式创新的典型案例与成功实践进行了规范的质性研究，以期为落后地区的后发赶超提供微观样本与可行路径。

7. 高管特质、商业模式选择与企业绩效

当前，全球制造业格局面临重大调整，我国制造业转型升级、创新发展迎来重大机遇，商业模式创新也正在中国制造业的转型升级中起到突出的作用。“中国制造 2025”的最终目的是实现中国制造业从量变到质变的转型升级，其核心正是制造业商业模式的转型。本书将单一型、混合型商业模式的适配性与高管特质、决策情境和企业创新绩效建立联结，基于制造业企业高级管理层的问卷调查数据，对商业模式选择的影响因素进行实证研究。

1.4.2 研究方法

1. 基于 CiteSpace 软件的文献计量研究方法

本书采用文献计量软件 CiteSpace 对商业模式创新的相关文献进行研究。CiteSpace 软件界面友好、应用简单，是目前最为流行的知识图谱绘制工具之一。该软件能够对知识图谱、引文节点文献和共引聚类做出快速分析，使研究者能够直观地辨识出相应领域的经典文献及知识演化路径，从而揭示研究热点和演化脉络。本书基于汤森路透集团 SSCI 数据库对商业模式及其创新领域进行相关研究，试图厘清商业模式创新研究的热点论题和前沿演进。

2. 案例研究方法

对于回答“为什么”“怎么样”的问题，案例研究是首选的研究方法。本书采用跟踪研究与深度访谈两种方法研究海尔案例，采用基于行业的数据收集方法研究“山寨”企业案例，采用文献研究方法分析微软与英特尔案例。对于系统动力作用下制造业企业弯道超车这一内容，本书采取多案例研究方法，遵循规范的案例研究方法[①]，研究过程共分为启动、选取案例、建立工具或共同的概念和语言、进入现场、分析数据、建立假设、文献比较和得出结论八个步骤。对于海尔管理创新实践及其商业模式创新这一内容，本书采用单案例研究方法对其做出探索性研究。

3. 大样本量化研究方法

本书将研究对象限定在制造业企业，将单一型、混合型商业模式的适配性与高管特质、决策情境和企业创新绩效建立联结，试图厘清商业模式选择的影响因素。为研究高管特质对商业模式选择意愿的差异化影响，本书构建分层线性回归模型。研究采用 SPSS 软件对数据进行相关性分析和层次回归分析。为研究不同企业经营年限下商业模式与企业绩效的耦合情况，本书构建分层线性回归模型。研究采用 SPSS 软件对数据进行统计分析，包括因子分析、相关性分析和层次回归分析。

---

① Eisenhardt 在其 1989 年的经典论文《由案例研究构建理论》中探讨了案例研究的九大步骤，分别是驱动、案例选择、研究工具和程序的设计、进入现场、案例内数据分析、寻找跨案例模式、形成假设、与文献对话、结束研究。

第 2 章　商业模式创新研究的热点论题与前沿演进

2.1　引言

当今时代，传统经济运行中的产品、业务流程、交易市场和竞争角色都在深刻变化，新的商业模式和管理方式层出不穷（Loebbecke and Picot，2015）。作为产品创新、工艺创新的替代或补充（Amit and Zott，2012），商业模式创新已被视为企业最重要的战略任务（Mezger，2014）。商业模式创新不仅比产品创新和技术创新成本低，若以系统方式加以处理，其操作性也可获得显著提升（Girotra and Netessine，2011）。总之，商业模式创新已然成为企业创新体系的重要组成部分。

作为商业模式研究的一个重要组成部分，商业模式的创新问题一直是学界关注的焦点。

原磊（2007）、郭毅夫和赵晓康（2009）、王鑫鑫和王宗军（2009）、Zott 等（2011）对商业模式创新文献做过梳理。其中，原磊（2007）将商业模式创新划分为战略规划、层层递进、知识管理、价值系统、模块重组、变革程度等六大视角，然后结合代表性观点对每一视角进行了板块式研究。而郭毅夫和赵晓康（2009）则考虑到理论研究的系统性，围绕商业模式创新的概念、路径及绩效评估等三大问题分别予以研究。王鑫鑫和王宗军（2009）的研究与郭毅夫和赵晓康（2009）

类似，从创新动力、创新途径和创新实施三个方面对国外商业模式创新的研究成果进行了归纳和评价。

比较而言，原磊（2007）的研究可以使我们较全面地把握该领域的研究成果，但缺点在于六大视角之间缺乏内在的逻辑性。而郭毅夫和赵晓康（2009）、王鑫鑫和王宗军（2009）的研究框架虽然清晰，但由于他们在研究时要么仅仅关注商业模式创新中的某一问题，要么综合起来对商业模式创新活动进行整体性研究，故其构建的递进式的研究布局又存在将学者们的研究成果割裂或者重复的缺陷。本章采用文献计量软件 CiteSpace，对 SSCI 数据库中商业模式及其创新领域相关研究成果进行科学计量研究，通过绘制该领域的科学知识图谱，厘清商业模式创新研究的热点论题和前沿演进。

2.2 研究设计

2.2.1 研究工具

本书采用文献计量软件 CiteSpace 对商业模式创新的相关文献进行研究。作为目前最为流行的知识图谱绘制工具之一，CiteSpace 能够将一个知识领域的演进历程集中展现在一幅引文网络图谱上，并把图谱上作为知识基础的引文节点文献和共引聚类所表征的研究前沿自动标识出来（陈悦等，2015）。结合图谱、引文节点文献和共引聚类的分析，使研究者能够直观地辨识出相应学科领域的经典基础文献及学科前沿的演化路径（潘黎和侯剑华，2012），从而揭示科学知识领域中的研究热点和演化脉络。目前以 CiteSpace 作为研究工具的经济管理类论文，已经陆续发表在《中国软科学》《科研管理》《经济学动态》等高级别期刊上。

2.2.2　文献搜索

罗列过多且质量良莠不齐的文献会导致研究误入歧途，唯有精选的优秀文献才能准确地把握研究的理论演进脉络与焦点问题（林忠等，2013）。本书基于汤森路透集团 SSCI 数据库，分两个步骤搜索相关文献。

首先，鉴于商业模式问题研究已经成为当前学界研究的热点与焦点，尤其商业模式已经成为一个分析单位（Zott et al.，2011），本书搜索标题包含 business model、business models 或 business modelling 的文献，文献出版时间截至 2016 年。搜索后进一步精炼为 article 和 review，最终获得文献 697 篇[①]。经查，文献跨度为 1993~2016 年。

其次，基于 CiteSpace 对 697 篇文献的共被引文献做出聚类分析，发现与商业模式创新相关的聚类分别有 business model innovation、innovative business model 和 new business model 三种描述。考虑到涉及商业模式创新相关研究的文献不一定在标题中出现 business model innovation、innovative business model 或 new business model，本书在 SSCI 数据库中，搜索主题包含 business model（s）innovation、innovative business model（s）或 new business model（s）的文献，时间选择在 1993~2016 年，所得文献同样精炼为 article 和 review，最终得到 463 篇文献。针对 697 篇文献的初步聚类及其基本信息见表 2-1。

表 2-1　针对 697 篇文献的初步聚类及其基本信息

ClusterID	Size	Silhouette	Mean（Year）	Label（TFIDF）	Label（LLR）	Label（MI）
0	83	0.716	2000	（17.98）project business；（17.57）trial-and-error；（17.57）naturhouse case；（17.14）evolution；（17.14）evaluation framework	business model innovation（67.54，1.0E−4）；model（31.55，1.0E−4）；project business（29.29，1.0E−4）	complexity

① 文献检索时间：2017 年 1 月 4 日。

续表

ClusterID	Size	Silhouette	Mean（Year）	Label（TFIDF）	Label（LLR）	Label（MI）
1	29	1	1988	（21.47）logistics strategy；（21.47）participative business modelling；（18.45）strategy；（16.64）business modelling；（10.07）ing	logistics strategy（191.89，1.0E-4）；participative business modelling（191.89，1.0E-4）；business model（10.03，0.005）	China
2	25	0.973	1995	（16.12）internet-based B2B electronic market；（14.08）electronic virtual market；（14.08）competitive strategies；（14.08）Porter；（14.08）comparison	internet-based B2B electronic market（50.37，1.0E-4）；examination（33.43，1.0E-4）；electronic virtual market（33.43，1.0E-4）	complexity
3	25	1	1981	（21.28）Canadian universities；（21.28）austerity；（14.18）age；（7.25）business；（7.25）model	Canadian universities（154.03，1.0E-4）；austerity（154.03，1.0E-4）；age（154.03，1.0E-4）	business model
4	18	1	1995	（19.62）businesslike central government agencies；（19.62）transfer；（13.07）age；（7.88）business；（6.69）model	businesslike central government agencies（134.14，1.0E-4）；transfer（134.14，1.0E-4）；business model（16.16，1.0E-4）	business model
5	17	0.986	2004	（17.14）open access journal；（14.72）open access；（13.28）base；（13.16）mobile commerce；（13.16）advertising-based business model	open access journal（77.76，1.0E-4）；mobile commerce（34.81，1.0E-4）；advertising-based business model（34.81，1.0E-4）	business model

续表

ClusterID	Size	Silhouette	Mean（Year）	Label（TFIDF）	Label（LLR）	Label（MI）
6	16	1	2001	（19.03）intellectual property right;（19.03）law;（19.03）digital media;（19.03）legal protection;（19.03）technological measure	legal protection（93.25, 1.0E−4）; intellectual property right（93.25, 1.0E−4）; comparative analysis（93.25, 1.0E−4）	new business model
7	16	1	2000	（19.03）chronic borrowing;（19.03）payday lending;（10.47）ing;（6.49）business;（6.49）model	chronic borrowing（122.92, 1.0E−4）; payday lending（122.92, 1.0E−4）; business model（14.23, 0.001）	business model
8	13	1	1996	（17.98）diffusion;（17.98）institutional adaptiveness;（17.98）technology policy;（17.98）German biotechnology;（13.93）case	German biotechnology（85.07, 1.0E−4）; diffusion（85.07, 1.0E−4）; institutional adaptiveness（85.07, 1.0E−4）	case
9	10	0.994	1985	（15.53）Xerox corporations technology spin-off companies;（15.53）capturing value;（13.34）evidence;（12.04）role;（9.73）technology	Xerox corporations technology spin-off companies（56.4, 1.0E−4）; capturing value（56.4, 1.0E−4）; role（43.68, 1.0E−4）	collaborative network
10	10	1	2002	（14.86）material efficiency service;（14.86）application;（12.76）conceptualization;（10.61）service;（10.58）chemical leasing business model	material efficiency service（55.74, 1.0E−4）; conceptualization（55.74, 1.0E−4）; application（55.74, 1.0E−4）	business model

续表

ClusterID	Size	Silhouette	Mean（Year）	Label（TFIDF）	Label（LLR）	Label（MI）
11	9	0.985	2001	（13.16）traditional crops sector；（13.16）promising development；（13.16）organisational arrangement；（13.16）revitalising African agriculture；（11.3）innovative business model	traditional crops sector（36.47，1.0E−4）；organisational arrangement（36.47，1.0E−4）；revitalising African agriculture（36.47，1.0E−4）	business model
12	8	1	1998	（15.53）public policy；（15.53）internet marketing；（12.04）marketing；（11.09）internet；（7.22）ing	public policy（72.38，1.0E−4）；internet marketing（72.38，1.0E−4）；business model（6.84，0.01）	business model
13	8	1	2001	（15.53）health portal；（5.29）business；（5.29）model；（5.29）business model	health portal（80.68，1.0E−4）；business model（13.01，0.001）；business model innovation（0.83，0.5）	business model
14	6	1	1995	（17.57）social work；（14.08）conundrum；（14.08）social work practice；（13.62）soc；（12.09）practice	social work（53.66，1.0E−4）；conundrum（53.66，1.0E−4）；social work practice（53.66，1.0E−4）	business model
15	6	1	1999	（14.08）new economy；（14.08）capital market；（9.38）new business model；（4.8）business；（4.8）model	new economy（57.7，1.0E−4）；capital market（57.7，1.0E−4）；new business model（24.03，1.0E−4）	new business model

续表

ClusterID	Size	Silhouette	Mean（Year）	Label（TFIDF）	Label（LLR）	Label（MI）
16	6	1	1997	（14.08）corporate governance；（14.08）crony capitalism；（14.08）economic crise；（14.08）doing business；（14.08）Asian way	corporate governance（48.29, 1.0E−4）; economic crise（48.29, 1.0E−4）; doing business（48.29，1.0E−4）	business model
17	6	0.979	2001	（12.03）sustainability business model；（4.8）business；（4.8）model；（4.8）business model	sustainability business model（41.69，1.0E−4）；source（3.38，0.1）；low-income market（3.38, 0.1）	business model innovation
18	6	1	1998	（14.08）Dell Computer Corporation；（14.08）refining；（12.09）information technology；（8.82）technology；（6.54）ing	information technology（53.66，1.0E−4）；refining（53.66，1.0E−4）；Dell Computer Corporation（53.66，1.0E−4）	business model

2.2.3　文献基本情况

表 2-2 反映了商业模式创新研究学者的国别分布情况。从文献数量来看，美国学者是商业模式创新研究的主要力量，中国学者发文数量研究占比为 5.18%，处于第 8 位。从表 2-3 可以看出，发文数量不少于 5 篇的研究机构共有 20 家，我国浙江大学在列。图 2-1 显示了不同年份的发文数量，可以看出，1993~2003 年，商业模式创新研究尚处于起步期，2004 年发文数量增加到 18 篇，掀起研究的小高潮。此后自 2007 年开始，研究的发文数量处于上升态势。

表 2-2　商业模式创新研究的 top10 研究者所属国家和发文数量

研究者所属国家	商业模式创新文献数量/篇	占比
美国	122	26.35%
英国	75	16.20%
德国	44	9.50%
西班牙	35	7.56%
法国	31	6.70%
意大利	31	6.70%
荷兰	25	5.40%
中国	24	5.18%
澳大利亚	23	4.97%
瑞士	18	3.89%

表 2-3　商业模式创新研究的机构和发文数量

序号	研究机构	商业模式创新文献数量/篇	序号	研究机构	商业模式创新文献数量/篇
1	剑桥大学	19	11	欧洲工商管理学院	6
2	加利福尼亚大学系统	13	12	宾夕法尼亚州公立高等教育系统	6
3	伦敦大学	10	13	法国国家科学研究中心	5
4	加利福尼亚大学伯克利分校	9	14	伦敦城市大学	5
5	宾夕法尼亚大学	8	15	埃因霍芬理工大学	5
6	曼彻斯特大学	7	16	伦敦商学院	5
7	圣加仑大学	7	17	宾夕法尼亚州立大学	5
8	奥胡斯大学	6	18	米兰理工大学	5
9	代尔夫特理工大学	6	19	纳瓦拉大学	5
10	哈佛大学	6	20	浙江大学	5

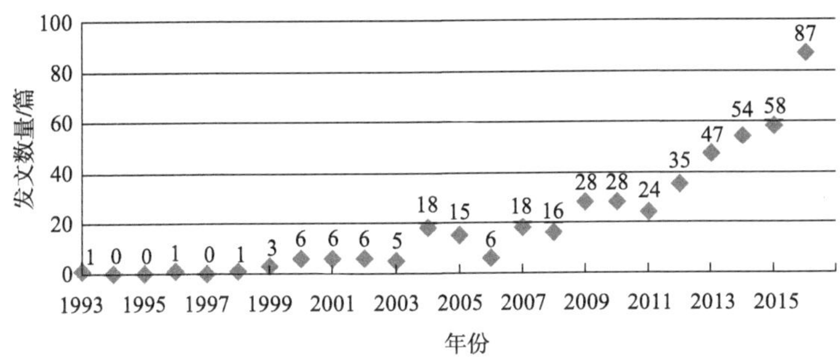

图 2-1　商业模式创新研究刊文的年度分布

刊登商业模式创新研究论文的数量不少于 5 篇的期刊有 20 种（表 2-4）。

表 2-4　商业模式创新研究的期刊来源和刊文数量

序号	期刊	商业模式创新研究文献数量/篇
1	*Research Technology Management*	17
2	*Energy Policy*	16
3	*Harvard Business Review*	15
4	*Long Range Planning*	13
5	*Technological Forecasting and Social Change*	12
6	*Journal of Cleaner Production*	10
7	*R & D Management*	10
8	*Learned Publishing*	9
9	*Journal of Business Research*	8
10	*Sustainability*	8
11	*Advances in Strategic Management a Research Annual*	7
12	*Industrial Marketing Management*	7
13	*International Journal of Technology Management*	7
14	*Journal of Air Transport Management*	7
15	*MIT Sloan Management Review*	7
16	*Business Models and Modelling*	6
17	*California Management Review*	6
18	*Business Horizons*	5
19	*Creativity and Innovation Management*	5
20	*Research Policy*	5

以上使用 Web of Science 自带的“分析检索结果”功能，梳理了文献的作者、机构、发表期刊等基本信息。此外，如表 2-5 所示，“创建引文报告”功能还报告了文献被引和施引等数据。

表 2-5 Web of Science“创建引文报告”相关数据

报告项目	数据
文献总数	463
被引频次总计	6 886
去除自引的被引频次总计	6 356
施引文献	5 595
去除自引的施引文献	5 432
每项平均引用次数	14.87
h-index（高引用次数）	43

但由于 Web of Science 不能对被引、施引文献做进一步分析和报告，尤其缺乏对能够反映研究基础的共被引关系[①]的挖掘，本章采用 CiteSpace 软件对 463 篇论文的共被引文献做出重点研究，同时结合所收集论文的摘要和正文内容，进一步梳理商业模式创新研究的热点论题和演进脉络，以期得出更具体翔实的报告结果。

2.3 商业模式创新研究的热点论题

本书使用 CiteSpace 软件（版本信息 4.0.R5.SE.64-bit.12.29.2015）进行研究。软件参数设定如下：时间范围选择 1993~2016 年（匹配 463 篇论文的时间跨度），时间切片为 1 年；节点类型选择被引文献；TopN 阈值设定为 30，即在每年度选择前 30 个高频出现的节点；所得网络采用 Pruning sliced networks 进行剪枝处理。如图 2-2 所示，CiteSpace

① 文献的共被引关系反映了文献之间的研究方向或研究主题具有密切的关联，两篇文献共被引的频次越多说明它们学术研究方向的关联性越强。由此推而广之，由多篇文献间的共被引关系形成的文献共被引聚类，能够反映聚类文献之间共同的研究方向和关注的热点主题（潘黎和侯剑华，2012）。

软件运算后得到 Merged network：Nodes=457，Links=2 314。表示共得出 457 个节点，2 314 条连线。运算后得到 25 个聚类，Modularity$Q$=0.879 5，一般而言，该数字大于 0.3 就意味着聚类结构显著。Mean Silhouette=0.709。Silhouette 值是用来衡量网络同质性的指标，该值超过 0.7，说明聚类具有高信度。

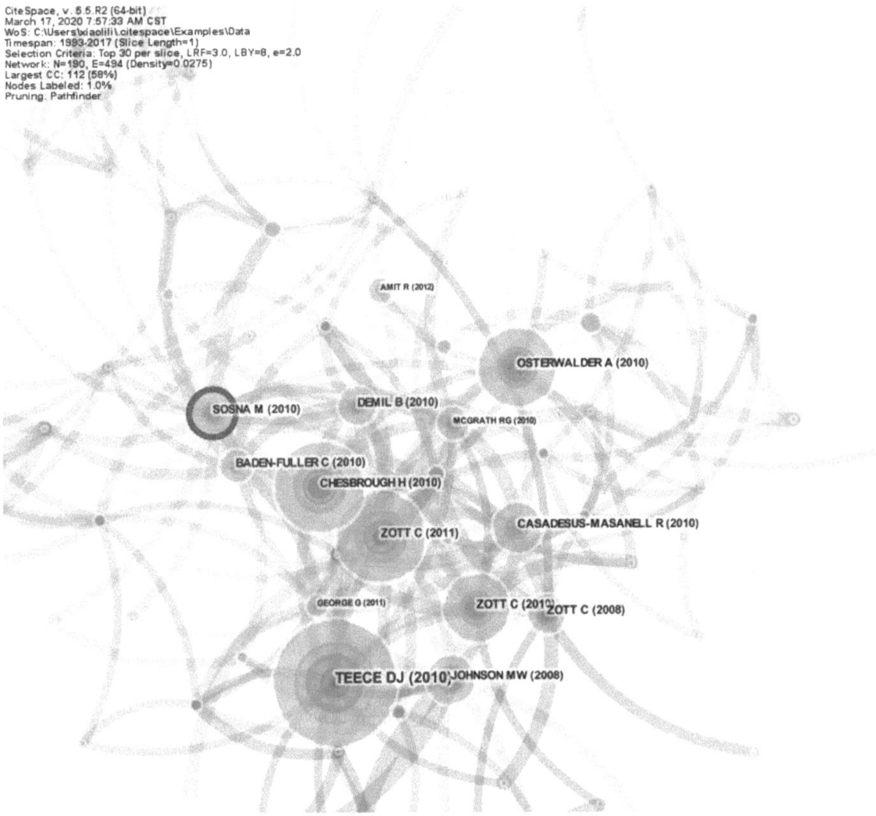

图 2-2　463 篇文献被引文献的聚类图示

在所得到的 25 个聚类中，本节使用 CiteSpace 软件提供的 TFIDF 和 LLR 算法，选取节点数排名前 10 位的聚类进行描述，以揭示商业模式创新研究领域的知识基础和热点问题。从表 2-6 和图 2-3 可以看出，除商业模式创新外，研究还集中在技术管理、电子商务、航空和铁路运输、知识产权保护、企业家精神、可再生能源投资方面。研究选取聚类节点数量排名前 3 位的 0#、2#、3#聚类，以及 4#、7#聚类进行分析。

表 2-6 节点数排名前 10 位的聚类及其基本信息

聚类号	节点	Silhouette	Label（TFIDF）	Label（LLR）
0	72	0.837	（20.09）business model innovation;（16.54）trial-and-error;（16.54）lesson;（16.54）transport;（16.54）naturhouse case	business model innovation（156.17, 1.0E−4）; source（34.64, 1.0E−4）; low-income market（34.64, 1.0E−4）
1	30	1	（22.04）KLM Cargo cyberpets case;（22.04）managing electronic channel;（14.62）case	KLM Cargo cyberpets case （224.54, 1.0E−4）; managing electronic channel(224.54, 1.0E−4); business model innovation（4.08, 0.05）
2	30	1	（21.13）technology management;（20.92）agile enterprise;（20.92）technology management issue;（15.04）technology;（12.43）management	agile enterprise（176.2, 1.0E−4）; technology management issue（176.2, 1.0E−4）; manufacturing（6.9, 0.01）
3	30	0.99	（24.79）e-marketplace;（21.51）place;（21.32）e-marketplace selection;（21.32）multi-criteria decision;（21.32）success index	e-marketplace selection（151.8, 1.0E−4）; multi-criteria decision（151.8, 1.0E−4）; e-marketplace（151.8, 1.0E−4）
4	23	1	（17.95）law;（16.71）legal protection;（16.71）intellectual property right;（16.71）technological measure;（16.71）digital media	law（114.19, 1.0E−4）; legal protection（83.5, 1.0E−4）; intellectual property right （83.5, 1.0E−4）
5	18	1	（19.19）private coercion;（19.19）railroad acquisition;（19.19）public policy;（10.7）market	private coercion（115.32, 1.0E−4）; railroad acquisition （115.32, 1.0E−4）; public policy（115.32, 1.0E−4）
6	18	1	（22.95）social entrepreneurship;（19.48）Netherland;（19.48）diplomat;（19.48）cowboy;（19.48）strategic niche management	social entrepreneurship（188.24, 1.0E−4）; Netherland （92.03, 1.0E−4）; diplomat（92.03, 1.0E−4）

续表

聚类号	节点	Silhouette	Label（TFIDF）	Label（LLR）
7	18	0.966	（16.54）competency；（16.54）promoting corporate entrepreneurship；（12.79）framework；（11.95）advancing theory；（11.95）new B-to-B relationship	competency（67.05，1.0E−4）；framework（67.05，1.0E−4）；promoting corporate entrepreneurship（67.05，1.0E−4）
8	14	1	（18.22）renewable energy investment；（18.22）world bank；（15.63）renewable energy；（15.63）world	renewable energy investment （125.76，1.0E−4）；world bank（125.76，1.0E−4）；business model innovation（1.92，0.5）
9	14	1	（18.22）mobile identity management；（14.09）view；（10.72）management	view（125.76，1.0E−4）；mobile identity management（125.76，1.0E−4）；business model innovation（1.92，0.5）

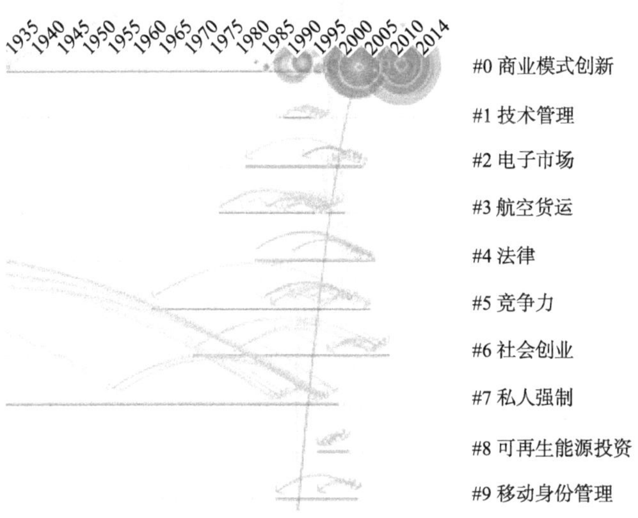

图 2-3　商业模式创新研究的共被引网络聚类知识图谱（部分）

2.3.1 商业模式创新

0#聚类共包含 72 个节点，轮廓值为 0.837。无论是采取 LLR 还是 TFIDF 算法，其最大标识词均是商业模式创新。

在该聚类中，被引次数最多的是加利福尼亚大学伯克利分校 Teece 教授于 2010 年发表在 *Long Range Planning* 上的论文“Business models，business strategy and innovation”（《商业模式、企业战略与创新》），共计被引 97 次。该文对商业模式及其创新做了近乎全景式的描述，涉及商业模式的概念、作用，商业模式及其创新与企业战略、组织设计、技术创新等的关系，以及商业模式设计、创新的要素和路径等内容。

Teece 认为，商业模式阐述企业提供给顾客的价值主张的内在逻辑、数据和相关证据，是企业发展的基石。但商业模式一经确立，同时也就存在创新刚性。因此创造模式是首要的，但保持模式的持续性同样重要,企业必须依靠商业模式创新这一获取动态能力的微观基础，使商业模式不断适应复杂多变的竞争环境。

在论及商业模式及其创新与企业战略、组织设计、技术创新等的关系时，Teece 指出，战略与商业模式的耦合分析是企业商业模式设计和创新的必要前提和重要步骤。组织形式设计是商业模式设计的一部分。由于技术会对商业模式的提供成本产生影响，从而左右商业模式的价值生成及其传递，故商业模式通常是由技术创新致使，通过技术创新发现新市场和满足客户的独特需求。但技术创新并不能保证运营成功。新产品的开发必须要与商业模式相适配，以保证其抵达市场并获取价值。否则即便是高技术企业也会裹足不前。

具体到商业模式创新的路径，Teece 认为，选择、调整和改进商业模式是一种复杂的艺术。商业模式创新过程高度情境化，需要一个极具创造力和洞察力的企业家。而且创新过程还可能因为不断试错、学习而体现出迭代的特征。Teece 教授主张商业模式创新的混合模式（hybird model），反对商业模式设计的两个极端：一是从 A 到 Z 的全面设计；二是聚焦某一环节，如专利的单点设计。Teece（2010）认为专利模式只有在严苛的知识产权保护环境下才有效；专利确实可以带来价值，但其本身并非创新。

Teece（2010）还极为重视外部环境在商业模式创新中的作用，认为如果商业模式不适应竞争环境，那么再先进的技术和产品、优秀的人才和管理、卓越的领导力等也不能保证企业获得持续成功。

宾夕法尼亚大学沃顿商学院教授 Amit 和西班牙纳瓦拉大学 IESE 商学院 Zott 教授的论文共有 4 篇出现在表 2-7 中，他们是商业模式研究领域的高产者。

表 2-7　0#聚类被引文献信息列表

第一作者	年份	题目	来源	引用次数/次
Teece	2010	…	*Long Range Planning*	97
Amit	2001	…	*Strategic Management Journal*	84
Chesbrough	2002	…	*Industrial and Corporate Change*	83
Chesbrough	2010	…	*Long Range Planning*	77
Zott	2011	…	*Journal of Management*	76
Osterwalder	2010	…	*Business Model Generation*	62
Zott	2010	…	*Long Range Planning*	55
Eisenhardt	1989	…	*Academy of Management Review*	53
Casadesus-Masanell	2010	…	*Long Range Planning*	47
Magretta	2002	…	*Harvard Business Review*	47
Morris	2005	…	*Journal of Business Research*	45
Zott	2008	…	*Strategic Management Journal*	44
Sosna	2010	…	*Long Range Planning*	38
Demil	2010	…	*Long Range Planning*	38
Johnson	2008		*Harvard Business Review*	37

Amit 和 Zott（2001）发表在 *Strategic Management Journal* 上的论文“Value creation in e-business”被引 84 次，排在第 2 位。两位学者研究了美国和欧洲的 59 家电子商务企业，发现电子商务的价值创造潜力取决于四个相互关联的方面：效率、互补、锁定和新颖，从而首次以商业模式为分析单位构建出一个分析模型，设计出了企业商业模式的基本内容、架构体系和治理机制。

Zott 等（2011）在 *Journal of Management* 发表了关于商业模式综述的论文，被引 76 次，排在第 5 位。研究发现，商业模式创新是企业绩效提高的关键，是企业创新体系的重要组成部分。商业模式理论长于从系统整合视角厘清企业如何“做生意”（do business）。因此企业也应本着开放式创新的观点来进行商业模式创新，如将其视为一种协同创业（collaborative entrepreneurship）。企业之间可以基于相互合作设计社区型商业模式，或者通过开发互补性的产品和服务构建市场型商业模式。但就某一企业而言，商业模式创新的障碍主要来源于内部资源结构和运营流程，以及管理者对新模式的认知。企业可以尝试通过提升资源柔性、战略感知和领导力而变得更加灵活。总之，一个强有力的领导团队是商业模式创新的直接推动者；新商业模式要想被顺利、有效地实施，有赖于领导动态决策、确立战略目标及多层次冲突下动态学习的能力。

Zott 和 Amit（2010）在 *Long Range Planning* 上发表的“Business model design：an activity system perspective”一文，被引 55 次，位列第 7 位。他们认为商业模式是由一系列相互依存的活动构成的系统，这些活动跨越企业自身边界，与其合作伙伴创造价值、分享收益。因此商业模式设计应从要素和主题两方面进行。要素设计涵盖商业模式的内容、结构和治理，以描述商业模式活动系统的体系架构；主题设计包括新颖性①、

① Zott 和 Amit 以苹果公司的商业模式创新为例对新颖性进行了解读。他们认为苹果公司把在线音乐下载引入产品包体现的是内容领域的新颖性（content novelty）；将这些内容与 iPod 的软硬件建立连接，体现的是结构领域的新颖性（structure novelty）；将音乐下载与版权等联系起来，体现了治理层面的新颖性（governance novelty）。

锁定[①]、互补性[②]和效率[③]，用以描述商业模式活动系统的价值创造问题。

Zott 和 Amit(2008)在 *Strategic Management Journal* 上发表的“The fit between product market strategy and business model：implications for firm performance”一文，被引 44 次，位列第 12 位。该文考察了企业产品市场战略和商业模式之间的匹配关系。他们认为，以新颖为导向设计出的商业模式，应该采用差异性、成本领先或市场先占战略。

Chesbrough 和 Rosenbloom 的两篇论文同样是该研究领域的经典论文，其中 2002 年发表在 *Industrial and Corporate Change* 的论文“The role of the business model in capturing value from innovation：evidence from Xerox Corporation's technology spin-off companies”（《从创新中捕获价值：商业模式的作用——施乐基于技术推动公司发展的证据》）被引 83 次，排在第 3 位。Chesbrough（2007b）认为，商业模式就是一张描述和计算价值的“技术-经济”网络,使企业家能够开拓新市场，并通过这一价值网络创造企业价值。商业模式是位于技术与经济价值的中间构件，一个成功商业模式的形成就是将技术潜力与经济价值联系在一起的过程。2010 年 Chesbrough 发表在 *Long Range Planning* 的论文“Business model innovation：opportunities and barriers”（《商业模式创新：机会与阻力》）被引 77 次，排在第 4 位。在该文中，Chesbrough（2010）认为企业可以通过商业模式将其创意和新技术商业化。在商业模式创新中，创新实验、模式效果评估非常重要，而组织变革、强有力的领导同样重要。

Osterwalder 和 Pigneur 的 *Business Model Generation* 一书的出版，本身就是商业模式创新的产物。Osterwalder 和 Pigneur 与来自 45 个国家的 470 名实践者一道，采用在线网络编辑方式，以简洁易懂的可视化版式阐述了商业模式演进和创新的技术，对企业如何定位和再造商

---

① 指商业模式应该构筑起商业模式系统各参与主体的转换成本，以保持商业模式的吸引力。

② Zott 和 Amit 认同 Teece 的看法，认为必须重视商业模式系统内各个活动的协同作用，实现系统活动“1+1>2”的效果。

③ 商业模式各要素基于系统活动降低成本、实现更高绩效的能力。

业模式进行了具体指导（Osterwalder and Pigneur，2010）。该书提出的商业模式画布（business model canvas）工具，因其在商业模式描述、可视化、评估和改变上的便利性而被广泛引用。根据 CiteSpace 报告，该书被引 62 次。

通过二次文献法并结合施引文献可以看到，0#聚类最活跃引用者分别是 Sánchez 和 Ricart、Wu 等、Sosna 等、Trimi 和 Berbegal-Mirabent。

Sánchez 和 Ricart（2010）聚焦低收入市场，利用多案例研究方法对单独商业模式、互动商业模式创新的权变因素做出了探索性研究，认为单一商业模式创新的任务就是通过利用公司现有的资源和能力择机进入新市场。而互动商业模式则需要整合和利用生态系统的功能和资源，创造新的商业机会。

Wu 等（2010）着眼于发展中国家的后发企业，认为这些企业虽然在技术能力和市场资源中处于劣势地位，但仍然可以通过商业模式创新提供更便宜但足够好的产品或服务来满足本国市场需求。对于后发企业来说，其商业模式创新的重点有两个：一是阐明一个适当的价值主张吸引本地客户；二是抓住跨国公司嵌入本地网络的机会，学习其先进经验，避开跨国公司的先发优势，并充分利用价格低廉、本土作战的后发优势。

Sosna 等（2010）以西班牙某食品制造企业为例，基于组织学习理论尤其是试错学习观点，研究了企业商业模式创新的二阶段过程模型。第一阶段，案例企业主要进行了商业模式的实验和开发。第二阶段则主要是新商业模式的实施，即在其产品和终端客户保持基本不变的情况下，成功跑赢了竞争对手。

Trimi 和 Berbegal-Mirabent（2012）研究了商业模式创新与公司业绩改善、商业模式画布使用和价值创造分析、精益创业方式等内容。

2.3.2 技术管理

2#聚类有 30 个节点，轮廓值为 1。LLR 算法标识词为 agile enterprise（虚拟企业），TFIDF 算法标识词为 technology management（技术管

理），MI 标识词为 supply chain management（供应链管理）。

该聚类关键被引文献是 Lorenzoni 和 Baden-Fuller（1995）发表于 *California Management Review* 上的“Creating a strategic centre to manage a web of partners”一文。他们发现成功的企业网络通常有一个强大的战略核心，该核心在规划、构建和培养自身和合作伙伴的能力上的重要性远远超过其他节点。

从施引文献统计可以看出，最活跃引用者为 Campbell（1998）发表在 *International Journal of Technology Management* 上的论文“The agile enterprise：assessing the technology management issues”。该文基于 Web 技术探索了虚拟企业如何快速利用新技术进行组织设计和运营管理的具体过程。

商业模式天然与技术创新联系在一起。商业模式就是一张描述和计算价值的“技术-经济”网络，使企业家能够开拓新市场，并通过这一价值网络创造企业价值（Chesbrough，2007b；Doganova and Eyquem-Renault，2009）。商业模式创新通常由技术创新致使，这主要体现在两方面：一是技术创新发现新市场和满足客户的独特需求，对技术的价值及其传递产生影响；二是技术进步也会对商业模式的提供成本产生一定影响（Teece，2010）。企业需要设计一个恰当的商业模式，以充分实现技术的商业潜力（Zott et al.，2011）。在行业建立初期，商业模式往往以适应行业主导逻辑和价值链为主，但随着新技术的发展和不确定性的提高，主导产业逻辑转换和价值链重塑就成为必然，破坏性商业模式便涌现出来（Sabatier et al.，2012）。与市场驱动相比，技术驱动的创新过程更加符合破坏性创新特征（Habtay，2012）。尤其当企业处于创业阶段，需要面对复杂的新技术时，商业模式设计更需要具有高度的灵活性，以适应新技术的发展方向（Trimi and Berbegal-Mirabent，2012）。Lee 等（2009）使用多项式 Logit 模型研究了消费者的支付意愿（willingness to pay，WTP），认为互联网音乐市场的商业模式必须适应新的技术发展要求。

Chesbrough（1997）选择两个技术先进的 IT 企业和两个技术不太复杂的市场驱动型创新案例，对技术驱动和市场驱动的差异做出了研究。研究发现，技术驱动的创新过程更加符合破坏性创新特征，而市场驱动的商业模式创新过程则呈现出“瓶子”形状，企业初始战略的选择意义重大，个性化模式和大量投资会使创新迅速达到最佳水平，而后由于战略趋同、成本因素等拉低创新绩效。Stanimirovic（2015）着眼于斯洛文尼亚的医疗卫生系统，研究了信息和通信技术在斯洛文尼亚医疗保健商业模式转型中的作用。研究发现医疗保健商业模式要想有效转型应该考虑各种因素，包括重新定义商业模式各要素的功能和其间关系，以及确保组织、结构和技术要素与长期经营目标相一致。Ritala 和 Sainio（2014）聚焦三类技术竞合及其使企业技术、市场和商业模式发生的变化，发现竞合与技术变革负相关，而与商业模式变革正相关。这可能是由于采取竞合战略的企业考虑长远发展，更看重技术的渐进式创新，而且竞合使企业更容易发现区别于竞争对手的异质性产品，从而引导突破性商业模式的出现。Dmitriev 等（2014）认为技术和市场需求启动了企业的商业模式创新。

商业模式创新在企业创新体系中的重要性日益凸显。Chesbrough 和 Rosenbloom（2002）、Sorescu 等（2011）认为企业应从重视技术创新转向商业模式创新，以独特的方式来创建和获取价值。是否创造新的“商业模式”已经成为企业创新体系中的关键，然后才是技术创新（Kodama，2004）。单纯的技术变革并不能解决问题，聚焦商业模式惯性、推进商业模式创新才是技术变革发挥作用的基础。Tongur 和 Engwall（2014）以一项技术变革使公司现有商业模式陷入两难为例，说明了为什么技术变革如此难以掌握。此外，他们还认为管理技术变革不需要企业家精通于技术本身或者技术服务，但需要企业家将二者混合起来设计一个恰当的商业模式。

Jetter 等（2009）研究了信息和通信技术对商业模式创新的影响。他们以 IBM 公司过去 50 年的转型和全球一体化进程为例，说明企业要想适应信息通信技术创新，就必须同时调整商业模式，以组织和企业文化来予以应对。依托信息技术驱动商业模式创新是价值创造的一个重要来源。通过使企业间的网络信息技术标准化，沟通产品工艺，联结客户、供应商和合作伙伴，从而推动企业间合作的战略意图和商业模式的（再）配置。同时，企业网络的合作演化也进一步推动了IT能力的提升（Rai and Tang，2014）。在文件共享领域，整合技术创新与市场限制是设计从事P2P（peer to peer，对等）共享业务企业商业模式创新流程的关键（Hughes et al.，2008）。Calia等（2007）聚焦技术创新网络为企业提供资源来改变其商业模式的内在机理，指出案例企业在产品加工技术领域的创新不仅为其带来了新产品，也改变了公司的业务活动，这最终导致企业成功地走向了国际市场。技术交流与合作需要伴随着商业模式的变化一起进行，才能实现更高的经济价值（Björkdahl，2009）。在可再生能源和可持续发展研究领域，早期学者更为关注技术依存在企业生态系统中的作用，而近来研究者更多重视企业间战略合作、商业模式互动等问题（Hellström et al.，2015）。

如何推进实验室技术商业化是商业模式设计的一大挑战。Pries和Guild（2011）基于42项技术商业化案例，研究考察了不同特征的技术如何影响商业模式的选择。他们发现，在严格专利或其他法律保护下，技术倾向于直接转移至企业。如果商业化不确定性较高，则该技术可能被拥有者直接用于创业。在技术市场领域，不同的技术许可模式下，被许可方使用、改进技术的范畴是不同的（Gambardella and McGahan，2010）。

必须承认，技术并非是驱动商业模式创新的唯一因素，甚至不是最重要的因素。技术变化并不总是触发或需要重塑商业模式，对某一技术的过度依赖甚至是可持续创新的重要障碍（Lee and Kim，2007；Teece，2010）。有学者指出，商业模式创新的优势就是在不需要对技术进行大额投资的前提下，依靠管理者的管理创新，基于企业及其合作伙伴现有资源的重新设计推动企业发展（Zott and Amit，2009a）。在公共服务部门，成功的技术创新更多地依赖于公共部门与私人部门的商业模式互动，而并非技术水平自身（Micheli et al.，2012）。Panagiotopoulos等（2012）以英国地方政府网上信访制度改革为例，说明了并非是技术本身，而是技术能够恰当地内化于商业模式及其创新过程才使信访改革得以成功。

不同类型的商业模式，同样会影响企业技术创新绩效。例如，Hu

（2014）以 173 家中国制造业企业数据为例，采用分层回归分析方法对商业模式如何影响技术创新绩效进行了实证研究。以效率为中心的商业模式设计与以新颖为中心的商业模式设计都对创新双元性具有显著的正向影响；创新双元性对企业绩效具有显著的正向影响；创新双元性分别在以效率为中心的商业模式设计、以新颖为中心的商业模式设计对企业绩效的影响中起部分中介作用。技术创新如何匹配商业模式设计，共同影响企业成长？Wei 等（2014）基于 176 家中国企业的实证数据，研究发现利用式创新和探索式创新匹配不同的商业模式设计。利用式创新负向影响企业绩效，探索式创新正向影响企业绩效。更重要的是，研究发现，以效益为中心设计的商业模式，强化了利用式创新的负面影响，削弱了探索式创新的积极作用。而以新奇为中心的商业模式设计则能够削弱利用式创新的负面影响。

2.3.3 电子商务

3#聚类共有 30 个节点，轮廓值为 0.99。TFIDF、LLR 算法标识词均为电子商务（e-marketplace selection），MI 标识词为案例研究（case study）。关键被引文献是 Bakos（1991）发表在 *MIS Quarterly* 上的 “A strategic analysis of electronic marketplaces” 一文。他认为，作为买家和卖家之间的中介机构，电子商务最重要的意义便是降低搜索成本。基于这种判断，Bakos 研究了均衡价格、卖方理论和买方剩余的变动情况。

从施引文献统计看，施引最活跃（指数 0.87）的是 Büyüközkan（2004a，2004b）发表的两篇论文，分别是刊登于 *Production Planning & Control* 的 “A success index to evaluate e-marketplaces” 和 *Internet Research* 的 “Multi-criteria decision making for e-marketplace selection”。Büyüközkan（2004a）提出电子市场成功指数（e-marketplace success index，e-MSI），以指导电子商务商业模式的创新过程。Büyüközkan（2004b）采用模糊层次分析法和模糊 Delphi 方法，构建出电子市场的商业模式创新绩效评价模型，为确保得出更具说服力和有效的电子商务商业模式解决方案提供了基础。

2.3.4　法律

4#聚类包括 23 个节点，其轮廓值为 1。LLR 和 TFIDF 算法标识词均为“法律”（law），MI 算法标识词为“创新”（innovation）。关键被引文献为 Bechtold（2003）发表的“The present and future of digital rights management—musings on emerging legal problems”一文，该文为 *Lecture Notes in Computer Science* 系列 *Digital Rights Management* 一书的一章，内容主要涉及数字版权管理（digital rights management，DRM）中的法律问题。基于对权力锁定架构、动态 DRM 系统、创作共用协议等内容的分析，该文厘清了 DRM、公平使用和创新之间的关系，认为一个规范的 DRM 应该由企业部门和立法机关共同构建。

从施引文献看，最活跃的施引论文为 Lucchi 于 2005 年发表在 *Buffalo Law Review* 上的“Intellectual property rights in digital media：a comparative analysis of legal protection，technological measures，and new business models under EU and US law”一文。Lucchi（2005）对比研究了不同知识产权保护制度下美国和欧盟企业技术创新与商业模式创新的差异。第二活跃施引文献为 Tang 于 2005 年发表在 *Research Policy* 上的“Digital copyright and the ‘new’ controversy：is the law moulding technology and innovation？”一文。Tang（2005）对美国和欧盟的数字版权法如何影响互联网领域的创新进行了研究，强调立法者必须更好地了解创新过程。第三活跃施引文献为 Peitz 和 Waelbroeck（2005）发表在 *CESifo Economic Studies* 中的“An economist’s guide to digital music”一文。该文讨论了数字化对音乐产业的影响，调查了数字音乐的法律和技术保护，并介绍了新的商业模式。

2.3.5　竞争优势

7#聚类有 18 个节点，轮廓值为 0.966。LLR 与 TFIDF 算法标识词均为竞争优势（competency）。关键被引文献为 Eisenhardt 和 Martin

（2000）发表在 *Strategic Management Journal* 上的文章《动态能力：它们到底是什么？》（Dynamic capabilities：what are they？）。该文从资源基础理论（resource-based view，RBV）出发，以具体案例推进了 Teece 提出的动态能力概念，认为动态能力是一组特定的、可识别的过程，如产品开发、战略决策和联盟等；既强调企业有形和无形资源的重要性，也重视企业在组织和战略层面对资源管理的杠杆作用。两位作者认为，不同企业的动态能力在细节和路径依赖方面有所差异，但也有明显的共性——“最佳实践”（the best practice），这正是该文被商业模式及其创新研究领域广为引用的原因。

最活跃的施引论文为 Hayton 和 Kelley（2006）发表于 *Human Resource Management* 的论文“A competency-based framework for promoting corporate entrepreneurship”。该文构建了基于人力资本需求的能力分析框架，用以推进公司产品创新、工艺创新和商业模式创新等行为。Gupta 和 Woodside（2006）针对商业模式创新中的买卖双方的互动关系进行了研究，揭示了 B2B（business-to-business，企业对企业）环境中企业创新及其扩散动态交互的本质。企业家有责任将消费者需求、新市场机遇与科学、技术和商业灵感相连接，主导商业模式的创新取向、组织变革和效果评估。Lucchi（2005）、Sánchez 和 Ricart（2010）的研究都涉及该领域。

2.4 不同时期商业模式创新的研究前沿

在学术研究的特定领域，研究前沿指的是科学家积极引用文章的主要部分。一个研究前沿大概由最近发表的 40 ~ 50 篇文章组成（潘黎和侯剑华，2012）。结合 CiteSpace 软件的分析逻辑，可以将研究前沿视为在某一时段内，以突现文献（burst article）为知识基础的一组文献所探讨的科学问题或专题。表 2-8 列出了商业模式创新文献共被引网络中突现节点文献信息，γ 设定为 0.75。

表 2-8　商业模式创新文献共被引网络中突现节点文献信息列表

序号	第一作者	文献题目	文献来源	出版年份	突现率	突现时间
1	Yin R K	—	*Case Study Research Design*	1994	2.800 6	2006~2013 年
2	Porter M E	—	*Competitive Advantage*	1985	4.628 0	2008~2012 年
3	Dyer J H	The relational view：cooperative strategy and sources of interorganizational competitive advantage	*Academy of Management Review*	1998	3.577 2	2008~2011 年
4	Jenkins H	—	*Convergence Culture：Where Old and New Media Collide*	2006	2.764 4	2010~2012 年
5	Wernerfelt B	A resource-based view of the firm	*Strategic Management Journal*	1984	2.609 5	2011~2013 年
6	Zott C	The business model：recent developments and future research	*Journal of Management*	2011	2.924 4	2013~2016 年
7	Johnson M W	Reinventing your business model	*Harvard Business Review*	2008	2.571 8	2013~2014 年

本章根据文献突现开始和结束时间，将 7 篇文献分为四组。第 I 组由文献 1 组成，涉及商业模式创新中的案例分析方法，突现时间为 2006~2013 年。第 II 组由文献 2 和文献 3 组成，研究主题为竞争战略和竞争优势，突现时间分别为 2008~2012 年和 2008~2011 年。第 III 组由文献 4 和文献 5 组成，突现时间分别为 2010~2012 年和 2011~2013 年，研究主题为商业模式创新的外部环境与内部资源。第 IV 组由文献 6 和文献 7 组成，研究主题均为商业模式创新的综合性研究，尤其强调商业模式创新的方法和路径，两篇文献的突现时间均始于 2013 年，文献 7 结束于 2014 年，文献 6 结束于 2016 年①。

2.4.1　商业模式创新研究中的案例分析方法

文献 1 为案例研究经典著作 *Case Study Research Design*，作者是

① 当然，由于本章文献搜索和分析的时间范围均截至 2016 年，故文献 6 突现结束时间可能受此影响。今后作者将对这一问题进行年度追踪，以进一步确定文献 6 的突现时间。

Yin，文献突现时间为 2006~2013 年，被引 17 次，其中 2013 年被引 4 次（图 2-4）。结合 CiteSpace 分析共引文献发现，同为案例分析方法经典文献，1989 年 Eisenhardt 发表于 *Academy of Management Review* 的“Building theories from case study research”一文被引 53 次，排在第 8 位，且中介中心度（centrality）为所有文献中最高的，达到 0.12。进一步分析文献 1 的 17 篇施引文献，发现采用纵贯式单案例研究的文献有 5 篇，采用双案例对比研究的有 4 篇，其余为三案例以上[①]的多案例研究。从案例企业的行业分布看，IT 等高技术企业 7 篇，一般制造业 3 篇，电信服务业 2 篇，物流供应链企业 2 篇，银行服务业 1 篇，其余为混合行业研究。值得强调的是，在 17 篇文献中研究中国企业商业模式创新的有 4 篇，研究印度企业的有 2 篇，这反映出商业模式创新在发展中国家行业或企业后发赶超中的重要作用。

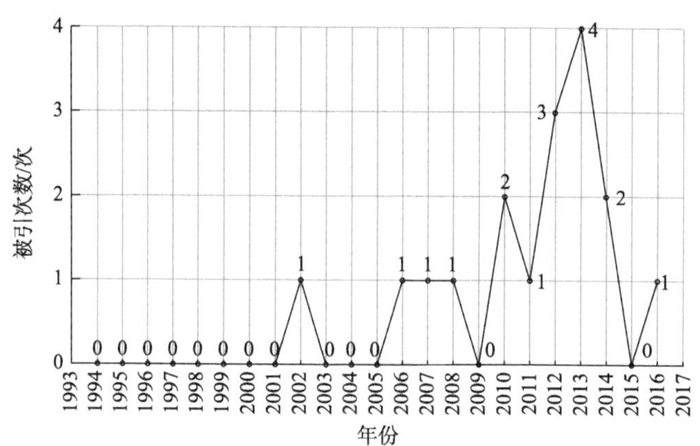

图 2-4 *Case Study Research Design* 被引折线图

基于文献 1 及其施引文献的分析可以看出，案例分析尤其是基于复制逻辑的多案例分析为当前商业模式创新研究中的主流方法。究其内在原因，笔者认为主要是与商业模式及其创新这一研究主题密切相关。“模式”只有首先从成功企业的最佳实践中提炼出来，后发企业才能得以借鉴和实施。

---

① 采用三、五、六案例研究的各 1 篇，四案例研究的有 2 篇，11 案例研究的有 1 篇，有 2 篇文献未明确案例个数。

2.4.2 竞争战略、竞争优势与商业模式创新

第Ⅱ组突现文献由 Porter 于 1985 年出版的《竞争优势》(*Competitive Advantage*)和 Dyer 于 1998 年发表在 *Academy of Management Review* 上的一篇论文组成。作为 Porter 教授竞争三部曲之一，《竞争优势》的主题便是将企业视为一个价值系统，探讨企业如何通过系统活动创造价值、获取竞争优势的内在逻辑。Porter 教授的这一贡献对商业模式及其创新领域的研究影响深远，包括 Amit、Zott、Teece、Casadesus-Masanell 等在内的学者都遵从这一逻辑，将商业模式创新视为企业价值系统的生成和再设计。图 2-5 描绘了《竞争优势》被引折线图。

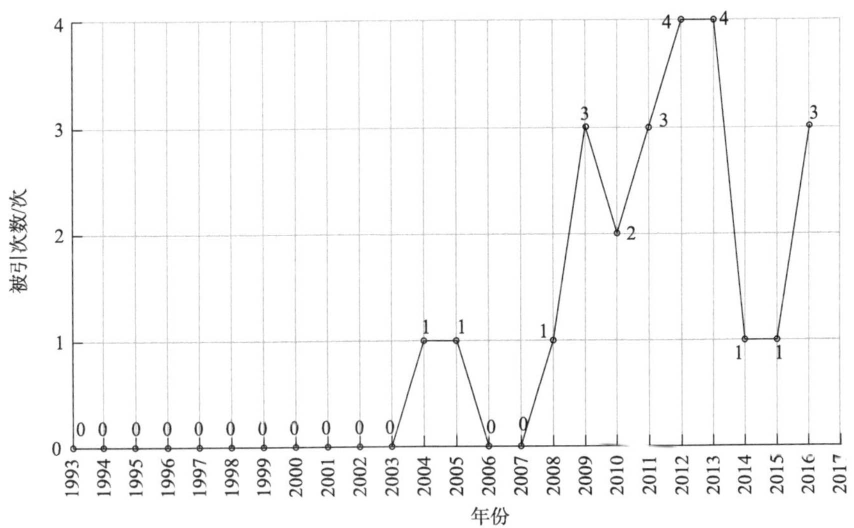

图 2-5 《竞争优势》被引折线图

与《竞争优势》强调企业内部活动的价值贡献相比，Dyer 和 Singh (1998)发表在 *Academy of Management Review* 上的论文“The relational view: cooperative strategy and sources of interorganizational competitive advantage”更为强调企业跨越组织边界获取价值这一问题，其被引情况如图 2-6 所示。两位作者基于资源基础观和产业结构理论，从企业层战略(firm-level strategies)出发探讨了企业之间的嵌

入和隔离问题，认为企业跨边界竞争优势来源于关系专用性资产、知识分享程序、互补性资源或能力、有效的治理四个方面。Dyer 和 Singh 的研究进一步拓展了商业模式创新的研究视角，为开放式商业模式创新、合作式商业模式创新奠定了基础。

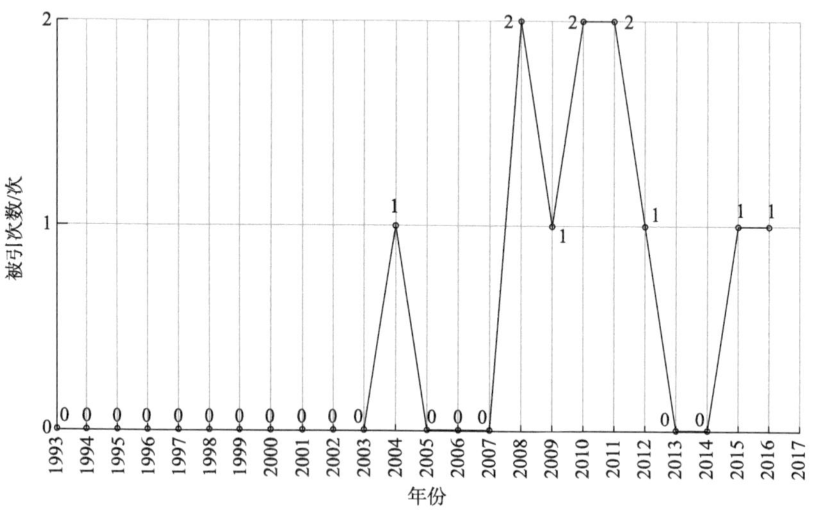

图 2-6　“The relational view：cooperative strategy and sources of interorganizational competitive advantage”被引折线图

2.4.3　外部环境、内部资源与商业模式创新

第Ⅲ组由文献 4 和文献 5 组成。文献 4 为 Jenkins（2006）出版的著作 *Convergence Culture：Where Old and New Media Collide*，该书突现时间为 2010~2012 年，被引折线图见图 2-7。Jenkins 认为，由于数字平台技术的低成本和便利性，媒体用户比以往任何时代更热衷于参与和合作，数字内容的创造、传播和消费的一体化特征非常明显。5 篇施引文献无一例外地肯定了 Jenkins 描述的电子商务平台的双边市场特征，指出企业应该构建新的商业模式以适应这一环境特征。

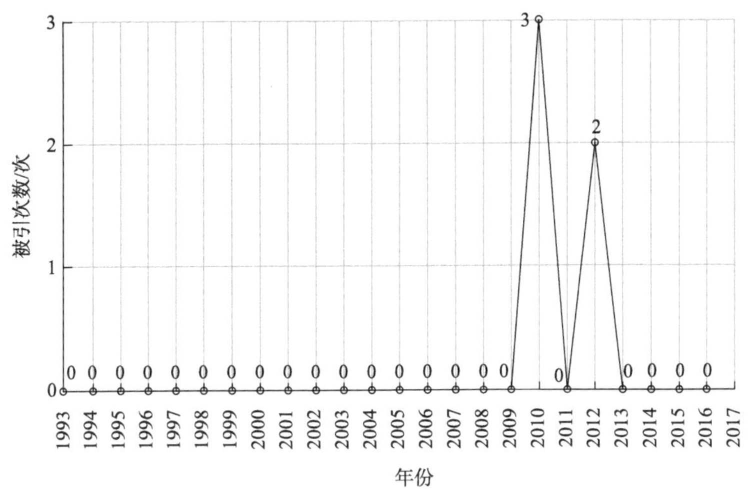

图 2-7 *Convergence Culture: Where Old and New Media Collide* 被引折线图

文献 5 为 Wernerfelt（1984）发表于 *Strategic Management Journal* 的“A resource-based view of the firm”一文，突现时间为 2011~2013 年，被引情况见图 2-8。该文将企业优势由产品转向内部资源，为资源基础观的奠基之作。施引文献共有 12 篇，对商业模式创新进行了系统思考和分类研究（Habtay，2012；Gebauer and Saul，2014），将推进商业模式创新的企业资源聚焦在技术驱动和市场驱动（Lindgren and Taran，2011；Habtay，2012；Andries and Debackere，2013）、顾客需要和市场需求等方面（Nair et al.，2013；Lun et al.，2016），并分析了企业资源、商业模式创新与企业绩效之间的内在关系。当然，也有学者认为资源基础观不能很好地解释现阶段某些商业模式创新现象，从而基于组织惰性理论提出破坏性商业模式创新的观点（Mateu and March-Chorda，2016）。Warnier 等（2013）将资源进一步细化为一般资源（ordinary resources）和冗余资源（junk resources），对商业模式如何使用这些资源进行了重点研究。

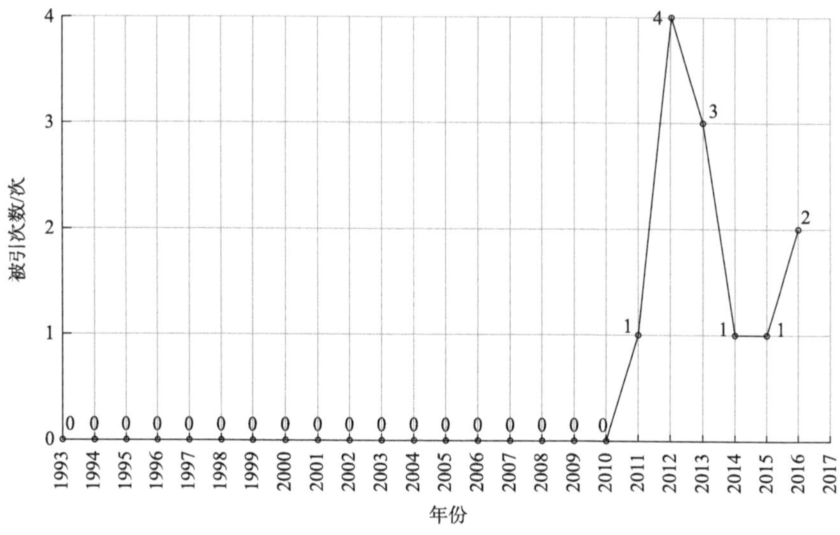

图 2-8 “A resource-based view of the firm”被引折线图

2.4.4 其他有关商业模式创新的整合性研究

第Ⅳ组由文献 6 和文献 7 组成，研究主题均为商业模式创新的综合性研究，尤其强调商业模式创新的方法和路径。

文献 6 为 Zott 等（2011）在 *Journal of Management* 上发表的“The business model：recent developments and future research”一文。该文发现商业模式研究的论题主要分布在三大领域：一是电子商务和信息技术在组织中的应用；二是价值创造、竞争优势和企业绩效等价值议题；三是创新和技术管理。可以看出，商业模式与商业模式创新研究的热点论题具有高度一致性。该文为商业模式研究领域的综述性文章，因此施引文献数量较多，文献突现时段也反映出 Zott 等的研究为 2013~2016 年商业模式创新的研究基础。此外，如图 2-9 所示，文献 6 的引用表现出比较明显的渐强型特征，因此预计该文今后仍为商业模式及其创新研究领域的基础性文献。

文献 7“Reinventing your business model”于 2008 年发表于《哈佛商业评论》（*Harvard Business Review*），作者是 Johnson、Christensen 和 Kagermann，被引趋势见图 2-10。需要特别强调的是，《哈佛商业评论》

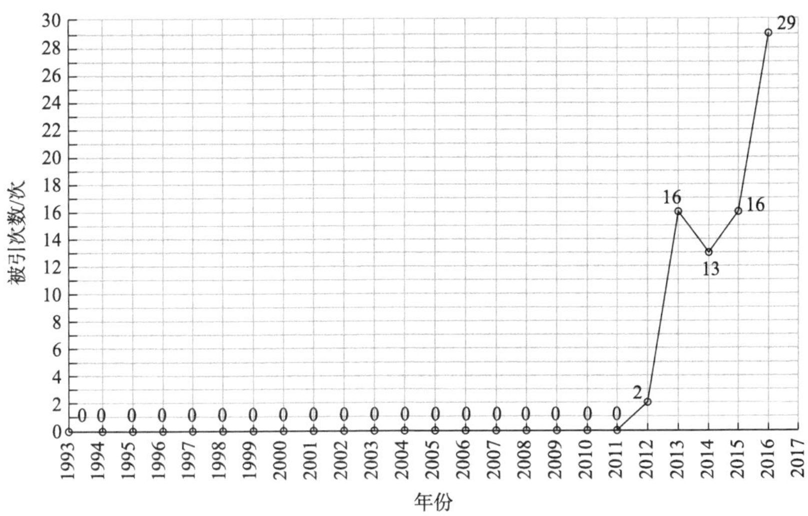

图 2-9　"The business model：recent developments and future research" 被引折线图

曾在 2011 年编撰了《哈佛商业评论战略领域必读论文》（HBR's Must-Reads on Strategy）集刊，收录了发表在《哈佛商业评论》中有关战略开发和战略实施领域的十篇杰出论文，"Reinventing your business model" 便是其中之一。三位作者从战略视角出发，指出一个成功的商业模式应该包括顾客价值主张、收入模式、关键资源和关键流程等要素。该文还厘清了商业模式创新的时点和具体路径（Johnson et al.，2008）。论文突现时间为 2012~2013 年，施引文献 46 篇。

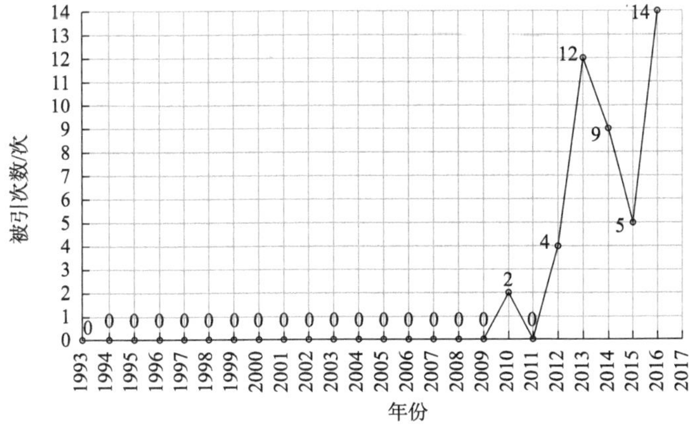

图 2-10　"Reinventing your business model" 被引折线图

2.5 本章小结：商业模式创新研究的文献梳理与核心观点

基于被引文献中的突现文献和突现词，并结合施引文献进行分析，能够把握不同时期商业模式创新的研究前沿，进而把握研究的演化脉络。本章根据文献突现开始和结束时间，将所得 7 篇突现文献分为四组进行研究，有以下发现。

第Ⅰ组突现文献只有 Yin 于 1994 年出版的 *Case Study Research Design* 一书，突现时间为 2006~2013 年。这说明案例分析尤其是基于复制逻辑的多案例分析为当前商业模式创新研究中的主流方法，但在 2013 年以后该方法的重要程度有所下降。研究还发现，从 *Case Study Research Design* 的 17 篇施引文献看，以中国和印度企业作为样本进行案例研究的有 6 篇，从中可以看出商业模式创新在发展中国家行业或企业后发赶超、实现弯道超越中的重要作用。

第Ⅱ组突现文献为 Porter 于 1985 年出版的《竞争优势》与 Dyer 和 Singh 于 1998 年发表的 "The relational view: cooperative strategy and sources of interorganizational competitive advantage"。其中，Porter 教授的企业价值系统观影响深远，Amit、Zott、Teece 和 Casadesus-Masanell 等学者均将商业模式创新视为企业价值系统的生成和再设计。与 Porter 教授相比，Dyer 和 Singh（1998）更为强调企业跨越组织边界获取价值，从而拓展了商业模式创新的研究视角，为开放式商业模式创新、合作式商业模式创新等奠定了基础。第Ⅱ组突现文献突现年份均起始于 2008 年，分别结束于 2012 年、2011 年，这说明以此为基础的研究——竞争战略、竞争优势与商业模式创新等相关研究为 2008~2012 年的研究前沿。

第Ⅲ组突现文献为 Jenkins 于 2006 年出版的著作 *Convergence Culture: Where Old and New Media Collide* 和 Wernerfelt 于 1984 年发

表的“A resource-based view of the firm”，两篇文献突现时间分别为 2010~2012 年、2011~2013 年，其研究重点为商业模式创新的外部环境和内部资源。对两篇突现文献施引文献的研究表明，数字平台技术催生了电子商务的双边市场特征，而这正是企业新商业模式设计和构建的环境基础。如何利用资源开展商业模式创新、提升企业绩效，是 2011~2013 年商业模式创新研究的研究前沿。

第Ⅳ组突现文献由“Reinventing your business model”和“The business model：recent developments and future research”构成。两篇文献均为商业模式创新的系统性研究，尤其强调商业模式创新的方法和路径，突现时间分别为 2013~2014 年、2013~2016 年。其中，第一篇文献从战略视角出发，指出一个成功的商业模式应该包括顾客价值主张、收入模式、关键资源和关键流程等要素，厘清了商业模式创新的时点和具体路径。第二篇文献为商业模式研究领域的综述性文献，商业模式正成为学术研究的新单位，其研究论题主要分布在三大领域：一是电子商务和信息技术在组织中的应用；二是价值创造、竞争优势和企业绩效等价值议题；三是创新和技术管理。

总体而言，自 2006 年 Yin 的经典著作 *Case Study Research Design* 突现算起，近十年来，商业模式创新的研究前沿已经从方法论、竞争战略和竞争优势、外部环境和内部资源，逐渐过渡到 2013~2016 年的创新机理、方法和路径领域的研究。核心观点可以归纳为以下五点。

第一，商业模式创新在企业创新体系中的重要性日益凸显。从被引文献的聚类图示（图 2-2）看，直接将商业模式创新作为研究对象的成果为最大聚类（即 0#聚类）。这说明，不仅商业模式已经成为学界研究新的分析单位（Zott et al.，2011），而且商业模式创新作为企业创新系统的一种表现形式也已经被学界广为接受。商业模式创新已经成为企业创新研究的常用视角。Teece、Amit 和 Zott、Chesbrough、Osterwalder 和 Pigneur 等的成果为商业模式创新领域的高被引文献，Sánchez 和 Ricart、Wu 等、Sosna 等、Trimi 和 Berbegal-Mirabent 等的成果为该领域的活跃施引文献。

第二，技术管理与商业模式及其创新联系密切。商业模式创新通常由技术创新致使（Teece，2010），随着新技术的发展和不确定性的提高，挑战主导产业逻辑和重塑价值链的破坏性商业模式创新的出现成为必然（Sabatier et al.，2012）。但研究者同时也发现，对某一特定企业而言，技术并非是驱动商业模式创新的唯一因素，甚至不是最重要的因素。技术变化并不总是触发或需要重塑商业模式，技术创新并不会自动、必然导向商业模式创新，对某一技术的过度依赖甚至是可持续创新的重要障碍（Lee and Kim，2007；Teece，2010）。单纯的技术变革并不能解决问题，聚焦商业模式惯性、推进商业模式创新才是技术变革发挥作用的基础。

第三，商业模式研究起源于电子商务活动，因此电子商务领域的企业运营行为也是商业模式创新研究的重点内容。

第四，法律相关研究是商业模式创新的重点关注内容之一。研究内容主要涉及知识产权保护与技术创新、商业模式创新之间的关系。

第五，商业模式创新是驱动企业竞争优势生成和获取的重要力量。Eisenhardt 和 Martin（2000）重视从企业动态能力构建中提炼最佳商业实践，从而为商业模式创新奠定了理论基础，指明了研究道路。从活跃施引文献看，研究深入企业内部，主要从熊彼特创新和企业家精神视角研究如何推动企业商业模式创新，进而获取竞争优势。

第3章　商业模式创新系统：要素、行为与架构

3.1　商业模式创新的静态要素

3.1.1　战略与商业模式创新

战略与商业模式及其创新的关系是学者研究的焦点之一。*Strategic Entrepreneurship Journal* 出版的特刊回顾了过去二十年的商业模式及其创新领域主要概念的发展，认为“重新连接战略与企业家精神”是商业模式为战略创新领域做出的三大贡献之一①（Demil et al.，2015）。战略与商业模式的耦合是企业从商业模式设计中获取持续竞争优势的前提（Teece，2010）。本章梳理发现，学术界关于战略与商业模式及其创新关系的研究大致可以分为四种观点，分别是异质耦合观、同一观、包含观和交集观。

1. 异质耦合观

异质耦合观是指学者们认为战略与商业模式、战略分析或实施与

---

① Demil 等（2015）指出，商业模式研究关注企业如何系统运行，因此战略和企业家精神是其不能回避的。他们在 *Strategic Entrepreneurship Journal* 出版的特刊中回顾了过去二十年的主要概念的发展，认为商业模式研究为战略创业领域做出了三大贡献，分别是重新连接战略与企业家精神，将顾客引入价值创造中，强调战略实施的重要性。

商业模式创新之间有着明显不同，但战略与商业模式却存在耦合互动关系。绝大部分学者认为战略实施驱动商业模式创新，部分学者认为正是商业模式的不断创新才使公司既定战略落地，同时催生了新的战略。也有部分学者认为战略与商业模式及其创新中存在双向互动关系。

如图 3-1 所示，Casadesus-Masanell 和 Ricart（2010）提出了一个理论框架来区分战略、策略和商业模式，认为战略和商业模式的内容、所处竞争过程阶段均有着明显区别；战略体现了公司对商业模式的选择，而策略体现的则是所选择商业模式的实施。战略选择是商业模式创新的前提，正是战略驱动了企业商业模式的创新。战略驱动还表现为企业细分市场，并为每个细分市场分别指明价值主张，然后设计一个装置向客户传递价值。此外，设计出相应的“隔离机制”以防止竞争对手模仿也是模式创新成功的重要战略举措（Teece，2010）。Casadesus-Masanell 和 Zhu（2013）研究了在位者和模仿者之间的战略互动，提出了商业模式创新的数理模型。结果表明，模仿者需要从战略上选择其创新行为的表现形式，即是向对手展示新的商业模式（战略显示），还是采用传统的商业模式进行隐瞒（战略隐瞒）。研究还表明，基于商业模式创新产生的价值非常可观，因此从结果来看，第一创新者欢迎竞争对手的加入，而非独占鳌头。战略不连续或中断要求企业改变商业模式，破除商业模式刚性。Bock 等（2012）基于 107 个跨国公司的实证数据，揭示了商业模式创新中战略灵活性的特征。但公司对合作伙伴的依赖减少了商业模式创新中的战略灵活性。CEO（chief executive officer，首席执行官）认为，灵活性需要进行组织结构简化，公司管理者对非核心职能的控制权应进一步下放。研究还发现，商业模式创新正向调节组织设计和战略柔性之间的关系。但过于重视商业模式创新，同样阻碍战略柔性。Zott 和 Amit（2008）考察了案例企业的产品市场战略和商业模式之间的适配关系，以及二者对企业绩效的影响。研究发现，以新颖为导向的商业模式设计与产品市场战略相匹配，公司通过强调差异化、成本领先或提前进入市场，能够有效提升业绩。研究表明，商业模式和产品市场战略是互补的，并不冲突。随着时间的变化，企业或行业既可以单独实施某一战略，也可以同时实施多种战略，从而推进其商业模式创新（Benson-Rea et al.，2013）。Samavi 等（2009）定义了一个战略模型框架，以明确企业经营的目标、意图、角色和战略行动的理由，然后基于此创新其商业模式。Hall 和 Wagner（2012）基于制造业部门的调查数据，采用结构方程模型研究了商业模式创新绩效，认为战略、环境管理与企业的经济和环保性能的整合正相关。

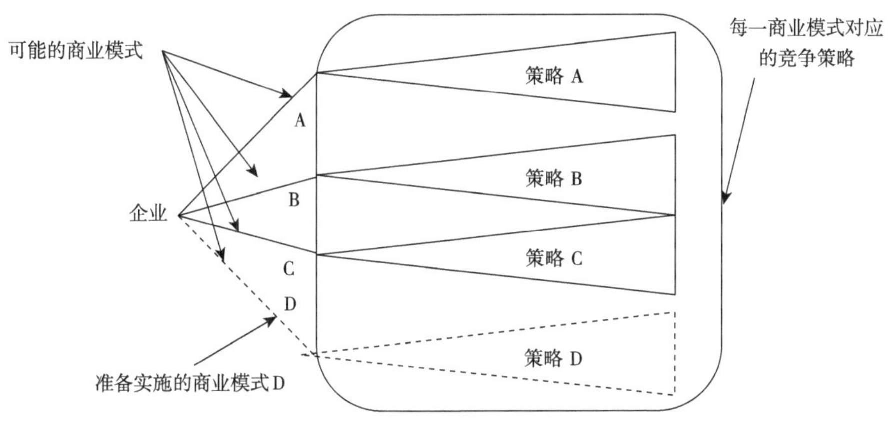

图 3-1　企业策略与商业模式的关系

部分学者认为商业模式创新驱动战略实施，认为一个恰当的商业模式有利于开放式创新战略取得成功（Saebi and Foss，2015）。还有学者认为商业模式创新与企业战略存在双向互动关系（Enzmann and Schomer，2013）。

2. 同一观

该观点认为战略管理过程等同于商业模式创新。Martins 等（2015）从认知理论角度研究商业模式创新，他们借鉴认知心理学中个人通过改变认知模式以应对新颖性、类比推理和概念组合，提出基于企业层面的战略流程改造来设计创新的商业模式。Khanagha 等（2014）将企业战略生成视为战略意图指导企业不断实验与学习，推动企业从增量发展和改造到完全更换现有商业模式的全过程。

3. 包含观

该观点内部存在“战略管理与商业模式创新谁包含谁”的争论。有学者认为战略包含商业模式，认为商业模式本身不是战略，它只是战略的核心和驱动器。企业管理者基于商业模式可以更好地理解、更高效地实施存在于组织及商业生态系统内的战略（Carayannis et al.，2015）。企业必须要建立一套完整的商业模式，但商业模式不是一种战略，尽管许多人使用的术语互换。商业模式描述的是企业内部要素如何系统组合进而创造价值的主导逻辑。但这些要素并不包括竞争，而这正是战略所关注的（Magretta，2002）。也有学者认为，商业模式包含战略，将战略作为商业模式的构成要件之一。Cervilla 和 Puente（2013）基于深入访谈的多案例研究方法，着眼于委内瑞拉金字塔底端市场（bottom of pyramid，BOP），分析了首都和巴伦西亚地区十个新的创新商业模式，认为 Morris 的商业模式框架至少在能力和内部流程及定位和战略方面阐述不清。

4. 交集观

交集观即商业模式与战略之间存在交集。如图 3-2 所示，Ashwell 和 Barclay（2010）基于巴布亚新几内亚的一个援助项目，对捐赠援助的商业模式进行了实证研究。研究发现，企业战略、商业模式和运营之间存在明显的交集。

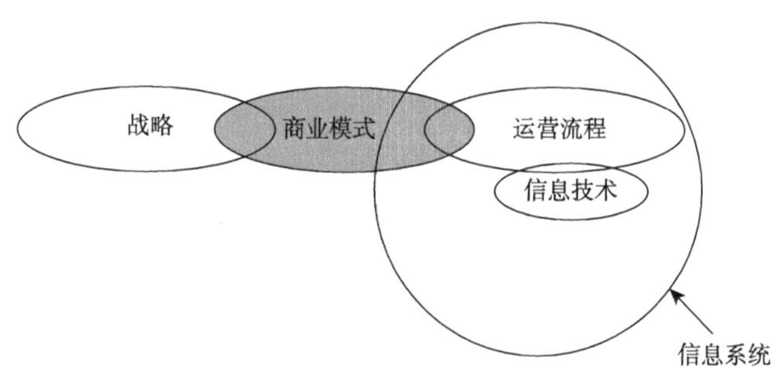

图 3-2　战略和商业模式的交集观

3.1.2　知识产权、版权与专利

知识产权、版权与专利是企业技术及技术创新的微观表现。创意经济需要尽可能激发每一企业、企业每一成员的创造力，但这需要强有力的知识产权保护（Chu et al.，2011）。从成本角度来说，在严苛的知识产权保护制度下，技术的商业化成本最低（Pries and Guild，2011）。但对于商业模式及其创新而言，虽然商业模式不能被申请为专利以获得知识产权保护，但是商业模式的构成要件（如商业方法和品牌）却可以获得相应保护（Teece，2010）。有鉴于此，Casani 等（2012）认为，企业中存在两种知识产权保护措施，一种是程序性的，一种是战略性的。程序性保护措施的主要作用是抵御竞争对手模仿，即通过产权保护延长独占时间，这只是一般意义上的对商业模式构成要件的知识产权保护。而战略性保护措施则在于企业应依托这些产权保护制度，结合其他互补性资产，建立起与外部环境、客户需求相匹配的结构性能力，这表现为企业商业模式的创新。

强调知识产权保护的重要性，并不意味着产权保护的极端性。Abramowicz（2011）指出，在现有药品专利保护法律下，美国制药企业往往没有足够的激励对罕见病进行临床试验，直到 1983 年《孤儿药法案》（Orphan Drug Act）的颁布才解决了这个问题。该法案可以提高知识产权保护对创新的激励，同时降低保护过度带来的风险，使企业可以借助商业模式创新寻求适当的创新空间。

知识产权保护与商业模式创新的冲突与整合在数字媒体行业表现得最为突出。数字技术使文化创意产业的传播成本更低、范围更广，但也使创新监管难度更大。在这种形势下，与著作权有关的商业模式设计便十分重要。Dobusch 和 Schüßler（2014）以德国流行音乐产业发展为例，梳理了突破性技术和商业模式创新之间的冲突，指出是行业危机而不是单纯的技术进步导致了商业模式的创新，商业模式创新可能来自边缘甚至是外部的行为者。Lucchi（2005）对比研究了不同知识产权保护制度下美国和欧盟企业技术创新与商业模式创新的差异。Bustinza 等（2013）研究了数字音乐行业非法文件共享（盗版数

字音乐）与人均收入间的关系。研究发现，打击数字音乐盗版同样需要政府制定强有力的知识产权法规。研究还表明，从全球来看，约有1/4 的人群尚未接触到任何形式（盗版和正版）的数字音乐，因此数字音乐行业的商业模式创新十分必要。音乐市场最重要的就是商业模式的创建和发展。企业、商业网络、产品嵌入相互交织的商业模式中，构成一个复杂系统。例如，对于音乐分销商而言，需要认清客户行为，明确企业在价值网络的嵌入位置，重新调整企业的价值主张和细分市场（Mason and Spring，2011）。

3.1.3 其他价值链要素

企业 IT 能力是价值创造的一个重要来源（Rai and Tang，2014）。Benson-Rea 等（2013）认为营销活动在商业模式创新过程中起着重要作用。Storbacka（2011）认为，由于商业模式创新解决方案业务是跨职能的，故企业不仅要关注市场销售界面，也应关注商业化进程之间的多方位接口和产业化进程。商业模式创新的设计者应是“T 形”人才：既能深入了解公司内部情况，同时还具备企业间的嵌入知识。Nair 等（2012）以航空业为例，解释了知识中介如何在企业内部及企业之间创造价值。研究认为，即便创业初期企业不具备独特资源，或因种种原因企业无法模仿竞争对手的商业模式，但只要通过知识激发战略成功设计并更新自身商业模式，同样可以取得经营上的成功。新商业模式的出现催生了更多多元技能的知识工作者（Loebbecke and Picot，2015）。此外，商业模式互动并不单纯发生在实施商业模式组合战略的企业内部，也发生在企业间。创新的组织方式、创新类型和创新者的创新介入程度是影响创新绩效的几大因素。Cucculelli 和 Bettinelli（2015）调查了 376 家意大利中小企业 2000~2010 年的经营业绩，发现无形资产和商业模式密切相关。研究发现商业模式变革和无形资产具有明显的互补效应，商业模式的变革对公司业绩产生了积极的影响。为了掌握中国企业的可持续发展商业模式实施情况，Birkin 等（2009a）采用问卷调查和访谈方法收集了广州、深圳 20 家制造企业的数据。研究发现，大多企业认为有必要利用可再生能源，采用更加环保的原材料，实施闭环供应链生产，提高产品质量而不是单纯降低成本，重视欧洲市场，将员工视为一种重要资产。研究还发现，技术、资金与知识的缺乏是导致公司难以实施可持续发展模式，进而经营业绩不佳的重要原因。研究指出中国企业实施可持续发展的商业模式的需求十分迫切，而且这需要企业与政府的共同努力。

作为商业模式的设计者和创新启动者，管理者尤其是高管或企业创始人构成商业模式创新的重要因素。Baden-Fuller 和 Mangematin（2013）将商业模式视为存在于管理者、学者头脑中的认知结构，强调管理创新启动企业内部因果关系链的作用。与之类似，Osiyevskyy 和 Dewald（2015a）考虑企业内生性要素，结合认知和战略理论，对引发小企业商业模式变革的战略决策的认知因素进行了分析。研究基于管理者认知、企业所处外部环境、当前经营成果与以往经验，整合现有理论［创业机会开发（entrepreneurial opportunity exploitation）、认知弹性（cognitive resilience）、前景理论、企业行为理论、刚性威胁（threat-rigidity）理论］，构建出战略意图框架，并基于加拿大房产经纪行业发展进行了实证检验。Guo 等（2013）基于高阶管理理论和权变理论，使用 146 家中国企业高层管理人员的调查数据实证考察了人力资本和社会资本与企业商业模式创新之间的微观与宏观联系。价值网络作为一种商业模式和价值创造模式也适用于芬兰食品行业的公司。管理者需要了解的价值创造的发展逻辑，从价值链转向价值网络。同时他们需要重视网络参与者在价值创造中的作用（Kähkönen，2012）。Gerasymenko 等（2015）研究了风险投资公司与成功实施商业模式创新的创业企业业绩之间的关系。他们基于 163 家风投公司业绩的实证研究，发现风投参与与其资产回报率存在正相关关系。此外，处理商业模式变革的经验和外部招聘的 CEO 均能提高风险投资公司参与创业企业的程度。

3.2 商业模式创新行为及其演化

3.2.1 动态能力在商业模式创新中的作用

商业模式之所以被称为模式，必须具备可供其他企业借鉴的静态属性。但仅仅强调作为蓝图的商业模式同样又阻碍了创新，因此强调商业模式的动态属性，打破商业模式的惯性；从动态能力审视企业商业模式创新，对其要件或结构（角色、参数）进行修改，不断地变革其商业模式以适应行业竞争和产品生命周期（Demil and Lecocq，2009；Sosna et al.，2010；Chiou，2011；Basile and Faraci，2015）。对于这一问题，一些学者倾向于从技术创新、管理创新、运营战略、演化经济学等角度理解商业模式创新要素的动态演化（Mason and Spring，2011）。技术交流与合作需要伴随着商业模式的变化而变化，才能实现更高的经济价值（Björkdahl，2009）。尤其当创新涉及复杂的新技术时，商业模式设计更需要保证其灵活性（Trimi and Berbegal-Mirabent，2012）。Desyllas 和 Sako（2013）研究了企业从商业模式创新中获取价值的机制和动态能力。Mezger（2014）以出版行业的六家企业为例，将商业模式创新视为一种特殊的动态能力。这种能力可以被分解为：扫描商业模式创新机会，构建有价值的和独特的商业模式，并抓住这些机会，重新配置相应的企业的能力和资源。Basile 和 Faraci（2015）研究了管理性动态能力（managerial dynamic capabilities）在商业模式转型中的作用，认为管理性动态能力在管理模式和商业模式之间起着耦合作用。研究从管理实践、战略规划和运营评估角度构建出了可推广的概念模型。Desyllas 和 Sako（2013）指出了企业如何从商业模式创新中获取动态能力的阶段性策略：短期看，应主要侧重对商业模式构成要件的知识产权保护；在中期，企业可以利用已有知识产权及其他先发优势，设计出一种有效的隔离机制以应对对手竞争；而从长期来看，管理者的任务主要在于不断提升他们的组织管理能力，依靠管理创新匹配外部市场环境，以抵御来自模仿者的竞争压力。

3.2.2　学习与商业模式创新

将更多商业模式加入企业运营中，是当前企业所面临的前所未有的机遇。然而，与传统战略管理强调“分析”不同，企业要想发现和利用新的商业模式，就必须进行实验和学习（Teece，2010；McGrath，2010；Yunus et al.，2010）。强调商业模式创新中的试错学习，有利于厘清商业模式设计和商业模式实施之间的区别（Sosna et al.，2010）。学习可以以团队形式进行；Huang 等（2014）探讨跨职能团队如何通过团队学习影响商业模式创新效果与企业绩效，包括内部团队、跨团队及市场学习多种模式。实证结果清楚地表明，在内部团队、跨团队及市场学习等模式下可以提高业务模式创新和企业绩效。当然，外部环境复杂性、团队成员以往的创新经验、学习方法等均会影响商业模式创新学习的效果。时间对于商业模式创新非常重要，企业应该考虑随着时间的推移更新学习方法，以成功地变革其商业模式。更具体地说，组织学习在商业模式对技术创新绩效的影响中起中介作用，与此同时，以新奇为中心的商业模式对组织学习具有显著的正向影响。

3.2.3　可持续商业模式创新

对于企业而言，商业模式固然重要，但单纯“设计”还远远不够，一旦商业模式确立并得以应用，模式惰性将会导致创新极为困难；而且商业模式的各种要素也非常容易被对手模仿。实践中，成功的商业模式经常被多个竞争对手所分享，因此保持该模式的持续性同样重要（Teece，2010）。公司可以通过不断推出新产品、发掘新市场，通过实施可重复的商业模式来保持其可持续发展（Zook and Allen，2011）。但大多学者更为重视管理创新的作用，认为管理者需要具备主导商业模式构件变化的管理创新能力，该能力是企业实现可持续性商业模式创新的基础（Demi and Lecocq，2009；Birkin et al.，2009b）。除此之外，管理者还应考虑供应链节点、市场需求和社会环境，考虑利益相关者的需求，成功处理企业与利益相关者的分歧（Matos and Silvestre，

2013；HØgevold et al.，2014）。多位学者通过建立概念模型，对企业可持续商业模式做出系统表达。

如图 3-3 所示，Bocken 等（2014）明确提出了“可持续商业模式”，界定了模式运行所需的驱动力和决策体系。可持续商业模式要求企业能够从自身层面梳理内部结构、构建文化能力，另外还有赖于与关键利益相关者的合作（Stubbs and Cocklin，2008）。

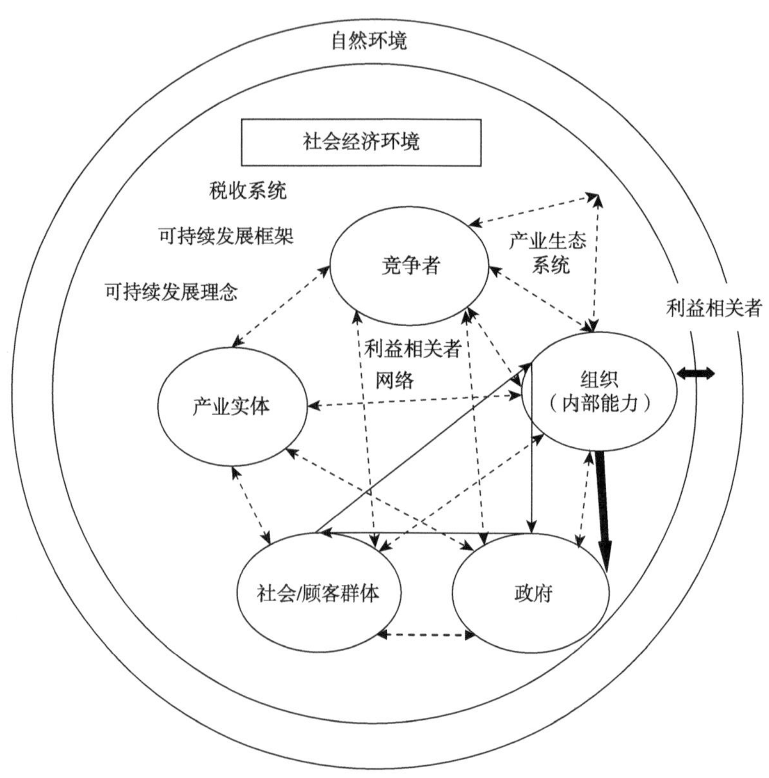

图 3-3　可持续商业模式的系统架构

如图 3-4 所示，Yunus 等（2010）、Boons 和 Lüdeke-Freund（2013）对商业模式如何可持续创新进行了研究，总结出支持可持续创新的商业模式框架。

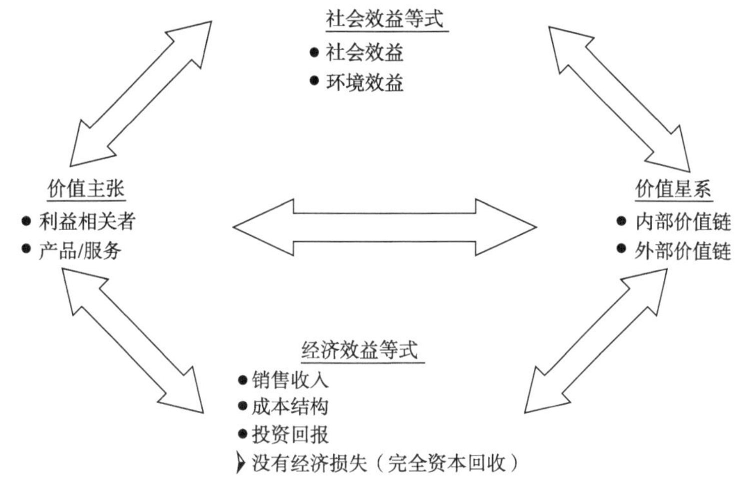

图 3-4　社会商业模式的构成要素

三重基线是可持续商业模式研究的基本要求。Bocken 等（2014）基于三重基线模型，设计出可持续发展的商业模式原型，以便推动可持续商业模式研究和实践。该原型如下：最大限度地提高材料和能源利用效率；通过工业“三废”处理降低成本或获取价值；利用可再生能源和自然过程；重视功能而非所有权；重视管理服务的作用；鼓励自给自足；基于社会–经济双重目标定义企业运营；提供规模化的解决方案。Mihalič 等（2012）基于三重基线模型，研究了斯洛文尼亚饭店业可持续发展的商业模式模型。Christensen 等（2012）研究了丹麦一家充电汽车公司的商业模式，认为技术复杂性要求企业变革其商业模式。商业模式理论研究应超越“价值创造，价值获取”视野，考虑社会目标。

3.3　商业模式创新的系统架构

3.3.1　关系网络

企业的商业模式是一系列相互依存的活动构成的系统，企业跨越自身组织边界开展活动，与其合作伙伴创造价值、分享收益（Zott and Amit，2010）。企业要创新其商业模式，一个重要的机制就是与外部建立共同发展关系。为了维系这一关系，每一企业必须首先明确自身的经营目标，并调整其商业模式使之与合作伙伴相契合；从企业间关系而非自身角度来审视某一资源或能力的重要性，同时考虑与市场互动的成本（Chesbrough and Schwartz，2007；Fiet and Patel，2008；de Reuver et al.，2009）。企业间合作可以创造和提供更高的社会和经济价值，与其他企业合作并不妨碍特定企业开展创新（Miles et al.，2006；Dahan et al.，2010）。恰恰相反，成功的技术创新更多依赖商业模式所涉及的企业间的具体技术合作（Micheli et al.，2012）。外部竞争环境是商业模式创新的决定性要素，甚至比技术、产品、人才、领导力等更为重要。

大量实证研究也表明，企业外部资源和与其他企业的合作关系在商业模式及其创新中的作用要远远大于企业自有资源和能力。Ng 等（2013）对企业间伙伴关系及其对企业绩效的影响进行了计量研究，发现企业间的行为互动和信息联盟对企业绩效具有重要影响，但原材料、设备共享对绩效影响并不明显。商业模式创新依赖于企业及其合作伙伴对现有资源的重组，并且不需要在研发领域投入大额资金，管理者的任务在于对商业模式创新进行系统思考（Zott and Amit，2009a）。Velu（2015）基于 1995~2004 年美国债券市场 129 家公司数据，发现随着商业模式创新程度的增加，与第三方公司的合作水平将会显著影响企业的发展。Lopez-Berzosa 等（2012）研究了外部开发者在新兴移动生态系统价值创造网络中的作用。研究发现，由于在市场上受到技术变革和市场不确定性的影响，企业必须将外部资源纳入自己的商业模式，以构建企业动态能力。外部开发者是吸收外部知识，将其转化为显性知识的重要角色；案例企业营利能力与外部开发者所嵌入网络的层次显著正相关。尤其在医疗卫生领域，由于医疗知识的专一性，如何协调与其他专科医院之间的商业模式对于医院商业模式设计更为重要（Mittra and Tait，2012）。de Haro 和 Montpetit（2012）以加拿大领先的戏剧旅游公司 Theatre Les Deux Mondes（TDM）为案例，将 TDM 的利益相关者（政府资助部门和捐助者）纳入创新要素中，并认为这些要素甚至比通常意义上的业务模型组件（客户价值主张、关键资源、关键工序等）更重要。甚至有学者认为，正是外源因素首先启动了商业模式创新，虽然创新管理与战略理论倾向于将企业家打造成创新的“推动者”；其次才是企业创新对环境的影响。Ghezzi 等（2015）指出，企业往往被迫充当创新的“接受者”，即创新通常是由外源因素推动产生的。这些外源因素通常是商业模式中价值主张和财务配置的参数；当然，反过来，企业也通过运作关键资源、关键活动、主要合作伙伴关系和关键动态能力来匹配甚至改善外部环境。Kong 和 Bi（2014）采用网络控制理论中的 Bass 模型对中国电动汽车行业的商业模式进行了研究。研究发现，消费者选择电池租赁模式还是车辆购买模式与社会网络形式密切相关。

Mason 和 Mouzas（2012）、Copani 和 Rosa（2015）研究发现商业模式的灵活性由网络影响力、交易关系和企业所有权决定。但也有实证研究表明，外部因素对商业模式创新的影响并不显著。例如，Duran-Encalada 和 Paucar-Caceres（2012）依据公开数据构建了墨西哥石油公司商业模式创新的系统动力模型。研究将领导力、利益相关者的动机和外部因素确定为动力模型中的杠杆点。仿真结果表明，通过提高领导活动和利益相关者的动机水平，可以显著提高企业绩效，而外部经济因素（如全球经济发展和原油价格）则对此影响不大。同一行业中存在着诸多看起来相似，其实各不不同的商业模式，这也说明外部环境并非是决定商业模式的唯一要素（Demil and Lecocq，2009；Nair et al.，2012）。

更多学者无意比较企业内、外部要素在商业模式创新中的作用孰轻孰重，更倾向于将这些要素设计成一个网络化的商业模式，从而为学者和实践人员规划和开发出商业模式创新的概念模型（Palo and Tähtinen，2011）。尤其在基于知识和技术的超级竞争时代，如何利用动态能力和协作网络更是企业竞争优势研究的焦点。除了开发异质性技术以利用企业资源，企业也应结合动态能力和协作网络确保这些优势的可持续性；企业的成功取决于技术开发、市场营销和生产领域的战略创新能力；企业应积极运作以获取与上下游企业间的战略协作效益；企业必须不断地变革其商业模式以适应行业竞争和产品生命周期。面临市场不确定性特征，企业家对市场信息负有信托责任，依赖于企业及其合作伙伴对现有资源的重新设计来推进企业商业模式的设计和创新（Zott and Amit，2009a；Thompson and MacMillan，2010；Carayannis et al.，2015）。Maglio 和 Spohrer（2013）从服务科学角度出发，通过将组织和人、业务和技术结合起来理解商业模式体系，厘清上述要素如何相互作用、共同创造价值的内在逻辑。他们对于如何系统化理解价值主张，推进新产品开发，再造价值创造的生态系统给出了相应建议。Rai 和 Tang（2014）强调企业 IT 能力的重要性。Copani 和 Rosa（2015）基于事件决策树理论，研究新环境下企业与系统供应商、用户的契约关系如何设定，以及该设定如何影响商业模式的形式与灵活性。Mason 和 Mouzas（2012）基于对英国 20 家高业绩公司和 20 家低业绩公司对比研究，发现商业模式的灵活性（柔性）由网络影响力、交易关系和企业所有权决定。商业模式设计就是对这三种因素的选择和整合。Zott 和 Amit（2007）专注于跨越边界事务，应用美国和欧洲证券交易所上市的 190 个创业型企业数据对商业模式设计如何影响创业型企业业绩进行了大样本研究。Bustinza 等（2013）对近三个世纪以来音乐市场进行了研究，认为企业、商业网络、产品嵌入相互交织的商业模式中，构成一个复杂系统。商业模式可以理解为型塑（shape）某些企业行为的机构，同时，企业及其运营也型塑商业模式。

研究已经表明，“金字塔底层市场”是一个重要的商业机会，但如果缺乏对东道国环境的了解，跨国公司在设计、推出新产品时就会面临障碍，如能与东道国非政府组织合作，则会大大增加商业模式创新的成功概率（Chesbrough et al.，2006）。

3.3.2 利益相关者

管理者能否成功处理企业与利益相关者的分歧，是企业打造可持续商业模式的关键（Matos and Silvestre，2013）。商业模式设计问题应该超越产品和内部运作流程或者流程间的关系，考虑网络和市场领域中的力量。商业模式并非只是专注于某个点，而是应以市场为导向，体现出网络化特征。商业模式必须随着制造商和客户不断变化调整形式和内容。Stubbs 和 Cocklin（2008）、Bowyer 和 Chapman（2014）的研究发现，采用可持续商业模式的企业不仅应从自身层面梳理内部结构、构建文化能力，还必须将利益相关者考虑在内，探讨与利益相关者的共生与依存关系。

为什么美国的生物制药产业吸引了大量的风险资本家和大制药公司的资金，但利润回报却不尽人意？对于这一“Pisano 之问”，Lueg 等（2015）从利益相关者理论出发，结合股东、大制药公司、政府投资的行为对生物制药企业的商业模式创新进行了系统解读，认为生物制药企业将研发费用金融化是“坏”的商业模式创新。研究还为政府如何监管高技术企业，以及如何保证低廉药品供应提出了对策建议。研究发现，这些公司的商业模式之所以成功，主要得益于：①创建超越传统的股东价值的隐性契约；②将风险转移到供应商；③激励管理层领导力和员工执行力。此外，他们还建议从行业监管层面强制供应商进行信息披露，引导树立全行业共同遵守的行为准则。Muzellec 等（2015）以五个互联网双边平台企业为案例，提出了其营销战略和商业模式的演化模型。该模型显示了消费者和商业合作伙伴如何共同创造并集成价值的内在机理。研究发现，这些平台企业的商业模式从最开始的 B2C（business-to-customer，企业对客户）发展为 B2B，最终呈现出 B2B&C（business-to-business and customer，企业对企业客户）和 B2C&B（business-to-customer and business，企业对客户企业）的混合。这主要是由于不同时期企业利益相关者的相对影响力有所差异。通过对巴西两个能源部门的案例研究，Matos 和 Silvestre（2013）认为企业经营必须从关注自身价值转向利益相关者价值，决策者应采取措施吸引利益相关者参与到创新中来。电动汽车产业不仅涉及传统汽车制造商，还对电池制造商、电力提供商和其他服务提供商提出新要求。因此，电动汽车行业或企业的商业模式创新问题，不能仅仅从某一企业入手，应重视利益相关者的力量；应超越单纯的价值创造、价值获取视野，将社会目标考虑在内。目前电动汽车行业已有大量案例支持该观点（Kley et al.，2011；Christensen et al.，2012；Shao et al.，2014；Kong and Bi，2014）。

服务业的商业模式创新同样应考虑利益相关者。Froud 等（2009）认为 BBC（Birtish Broadcasting Corporation，英国广播公司）必须从利益相关者视角出发对其商业模式进行反思，综合考虑数字时代消费者、监管方和投资人等各方的利益。de Haro 和 Montpetit（2012）以加拿大领先的戏剧旅游公司 TDM 为案例，研究艺术组织如何调整其商业模式，以应对动荡的经营环境所带来的挑战。研究将 TDM 的利益相关者（政府资助部门和捐助者）纳入创新要素中，并认为这些要素甚至比通常意义上的业务模型组件（客户价值主张、关键资源、关键工序等）更重要。Peric 和 Djurkin（2014）基于系统理论、利益相关者理论和社会企业理论，对旅游目的地的商业模式创新问题进行了研究。Miller 等（2014）对英国某区域内大学的商业模式演化进行了纵向单案例研究，对利益相关者如何影响商业模式创新予以了重点关注。研究发现，面向不同的利益相关者大学会单独在内容、结构和治理方面设计其商业模式。此外，利益相关者（学者、企业、技术中介、政府机构）的力量相互交织，但并非在某一时点共同决定大学商业模式，而是此消彼长、阶段性地分别作用于大学的商业模式演化。学者应该参与到创新过程中来，而不仅仅是旁观者（Wells and Seitz，2005）。Bowyer 和 Chapman（2014）基于 Chesbrough 的商业模式架构，对悉尼机场基于利益相关者关系、重组其商业模式进行了单案例研究，认为机场私有化可以兼顾机场所有者和参与机场运营的各利益相关者等各方利益，推进商业模式根本性改变。教育机构的商业模式创新也离不开教师和信息技术专家之间的合作（Drozdová，2008）。

对于跨国公司而言，其商业模式创新是否成功，取决于全球要素的利用效率（Chung et al.，2004）。Dahan 等（2010）对跨国公司在发展中国家的商业模式创新做出深入研究，认为跨国公司商业模式若想成功开展，必须要嵌入东道国文化、经济、制度和地理等要素。然而这种嵌入无须跨国公司亲力亲为——跨国公司可以选择与东道国的非政府组织合作，以获取进入市场合法性、客户信息及采购和配送系统，还能争取东道国民间力量和政府支持。基于跨国公司与东道国非政府组织构建的合作，能够强化价值链的各个环节的互补能力，能够以更新颖方式创造价值、实现利润，同时最大限度地降低成本和风险。这种合作还可以为弥补双方欠缺功能而完善彼此的商业模式，甚至可以共同创造新的跨越组织的商业模式。

政府在信息披露、劳动力政策等方面影响企业商业模式（Lueg et al.，2015）。在生物技术产业的商业模式创新过程中，政府监管主要体现在对股票市场的管理（利润回购和分红政策）、专利使用等方面（Lazonick and Tulum，2011）。政府支持是跨国公司嵌入东道国网络，成功实施其商业模式的重要因素（Dahan et al.，2010）。Birkin 等（2009a）采用问卷调查和访谈方法收集了广州、深圳 20 家制造企业的可持续发展方面的相关数据，指出中国企业实施可持续发展的商业模式的需求十分迫切，而且这需要企业与政府的共同努力。

3.3.3 开放式创新

与外部建立共同发展关系，并在此基础上确定经营目标，调整商业模式使之与合作伙伴运营相适配，是企业商业模式创新的重要实现方式。有学者认为，对于微观层面的企业而言，技术研发方向左右着该企业商业模式的开放性和用户参与程度（Baden-Fuller and Haefliger，2013）。

实际上，影响企业商业模式开放性的不仅仅是技术。Huang 等（2013）对台湾 141 家中小企业的实证研究表明，开放式创新可以有效地改变组织惯性、创新企业商业模式，从而提高企业绩效。具体而言，开放式创新在组织惯性与商业模式创新，以及组织惯性与企业绩效之间具有明显的中介作用；商业模式创新对公司绩效也会产生积极的影响。当然，开放的市场环境也对企业商业模式选择产生影响。在软件行业，市场环境的开放程度显著影响着操作系统开发的质量和速度（Bonaccorsi et al.，2006）。企业结合市场导向与开放式创新原则，采用灵活方法提高营利能力，缩短产品上市时间，从而使商业模式具备了明显的战略柔性（Rajala et al.，2012）。商业模式的灵活性（柔性）由网络影响力、交易关系和企业所有权决定（Mason and Mouzas，2012；Copani and Rosa，2015）。

如图 3-5 所示，Saebi 和 Foss（2015）将商业模式的内容、结构和治理和开放式创新战略建立系统联结，认为一个恰当的商业模式有利于开放式创新战略取得成功。开放式创新与市场导向如何塑造商业模式的战略柔性？Rajala 等（2012）采用质性研究方法，对开放源码软件（open source software，OSS）领域企业进行了纵向案例研究。研究发现，企业结合市场导向与开放式创新原则，采用灵活方法提高营利能力，缩短产品上市时间，通过有效的市场准入，能够提高创新能力。研究为如何基于开放式创新设计商业模式提供了证据。

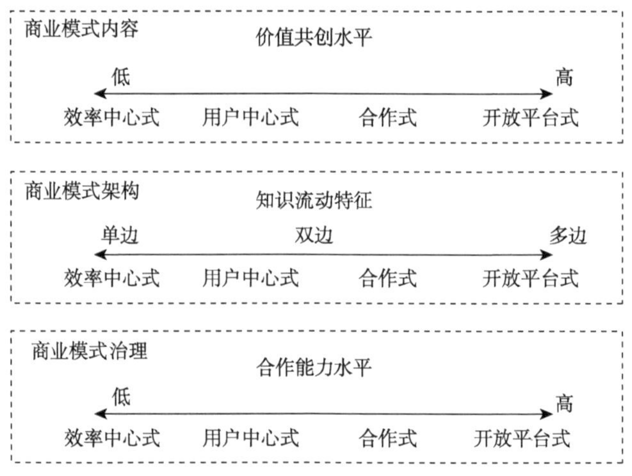

图 3-5　开放式商业模式连续流

3.4　本章小结：商业模式创新的系统观

注重企业运营的整体性与系统性，运用系统理论及相关分析工具来研究商业模式创新活动，是近年来商业模式创新研究的新趋势。

Casadesus-Masanell 和 Ricart（2007）、Zott 和 Amit（2009b）从系统动力角度研究商业模式的定义、创新过程及绩效评估等问题，指出商业模式在内容上由选择和结果构成，在本质上表现为一种从选择到结果的因果关系；商业模式的创新过程，就是企业与竞争对手、辅助组织、环境的共同演进过程。

本章从静态要素、动态行为和系统架构三个层面研究商业模式创新的机理和过程。研究发现，就静态要素而言，商业模式及其创新与战略管理、技术、知识产权和其他价值链要素有着密切联系。就创新行为及其演化而言，必须打破商业模式的惯性，从动态能力审视企业商业模式创新，对其要件或结构（角色、参数）进行修改，不断地变革其商业模式以适应行业竞争和产品生命周期（Demil and Lecocq，2009；Basile and Faraci，2015；Chiou，2011；Sosna et al.，2010），强调商业模式创新中的试错学习（Sosna et al.，2010）。此外，对于企业而言，商业模式固然重要，但单纯“设计”还远远不够，一旦模式确立并得以应用，模式惰性将会导致创新极为困难；而且商业模式的各种要素也非常容易被对手模仿，实践中，成功的商业模式经常被多个竞争对手所分享，因此保持该模式的持续性同样重要（Teece，2010）。就商业模式创新的系统架构而言，大多学者认为，企业要创新其商业模式，一个重要的机制就是与外部建立共同发展关系。为了维系这一关系，每一企业必须首先明确自身的经营目标，并调整其商业模式使之与合作伙伴相契合；从企业间关系而非自身角度来审视某一资源或能力的重要性（Chesbrough and Schwartz，2007；de Reuver et al.，2009），同时考虑与市场互动的成本（Fiet and Patel，2008）。外部竞争环境在推动商业模式创新中起着决定性作用；如果商业模式不适应竞争环境，那么再先进的技术和产品、优秀的人才和管理、卓越的领导力等也不能保证企业获得持续成功（Teece，2010）。当然，也有部分学者认为，外部因素对商业模式创新的影响并不显著。更多学者无意比较企业内、外部要素在商业模式创新中的作用孰轻孰重，更倾向于将这些要素设计成一个网络化的商业模式，从而为学者和实践人员规划和开发出商业模式创新的概念模型（Palo and Tähtinen，2011）。利益相关者理论为商业模式创新的系统架构提供了理论基础。研究者认为，商业模式设计问题应该超越产品和内部运作流程或者流程间的关系，考虑网络和市场领域中的力量，探讨企业与利益相关者的共生与依存关系（Stubbs and Cocklin，2008；Ferreira et al.，2013；Bowyer and Chapman，2014）。

第 4 章　商业模式创新的机理分析

4.1　引言

商业模式创新系统内部存在着多条首尾相顾、互相交织的因果关系链，正是内化于这些因果关系链中的因果联结机制使企业的商业模式创新活动成为一个逻辑自洽、循环往复的系统过程。找出并描述这些因果关系与传导机理属于 Yin 强调的“为什么”及“怎么办”领域的研究。因此，本章借助系统思考的理论与方法，在行业内部采取逐项复制原则、跨行业采取差别复制原则开展多案例研究，拟对存在于案例及其背后的内在逻辑中的各种关系进行辨析，揭示商业模式创新驱动因素与价值活动之间的因果联结机制，并对引起创新发生的触发动因与实现模式进行研究，最终致使商业模式创新的内在机理不断涌现。

4.2　研究设计

案例研究中，先于案例分析的理论框架构建有助于进行研究设计，防止出现偏差。基于文献研究结论，本章通过企业活动属性和价值创造过程两大维度对创新活动做出进一步梳理，构建出商业模式创新机理的二维分析框架，如图 4-1 所示。

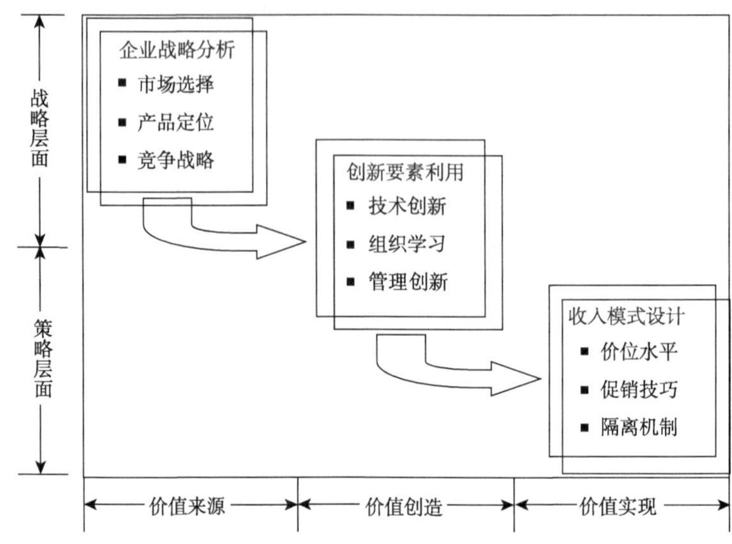

图 4-1　商业模式创新机理的二维分析框架

一个好的理论框架应该能够为复杂系统提供概念图，平衡地反映出系统的静态属性（结构和元素）和动态属性（互动和因果关系）（陈劲和方琴，2006）。首先，就静态属性而言，图 4-1 在囊括商业模式创新系统构成模块与各项元素的基础上，还指出各模块之间由战略规划到策略执行的层次性，能够为案例资料的收集与整理提供便利。其次，图 4-1 还对商业模式创新的动态属性做出刻画。按照 Christensen（1997）的判断，商业模式创新就是企业对其自身所处的价值系统的不同环节进行整合——或者改变某些环节,或者改变它们的组合方式。换言之，图 4-1 中系统要素从价值来源到价值创造，再到价值实现的价值变动路径及系统结构的调整，都会使现有商业模式发生改变，甚至催生企业新的商业模式。因此可以这样说，图 4-1 所构建的理论分析框架能够在一定程度上揭示出商业模式创新的内在机理。

但现有文献及图 4-1 所示的分析框架仍存在诸多问题有待于进一步检验。首先，就推动商业模式创新的系统元素来讲，文献研究得出的 9 种活动究竟能够在多大程度上与企业创新实践相契合？其次，为切实增加针对商业模式创新动态属性的解释力，本章所构建的分析框架必须有效回答下列问题：如果说是价值系统的升级转换标志着企业商业模式的创新，那又是什么在推动价值系统的升级？图 4-1 中由企业战略分析到创新要素利用，再到收入模式设计这一价值创新的线性、单向路径是否准确？最后，创新推手（innovators）又该怎样才能“跳出自身商业模式”，找到实现商业模式创新的突破口？

4.3　研究方法

系统思考理论认为，结构影响行为，改变事物背后的结构，能够产生不同的行为变化形态（圣吉，2003）。需要指出，按照彼得·圣吉的解释，这里的结构“并不是论证上的逻辑结构，也不是那些组织平面图上所显示的结构”，而是那些“随着时间的推移，影响行为的一些关键性的相互关系”。而商业模式正是这样一种由互动活动组成的系统结构（Zott and Amit，2010），本质上也恰恰表现为一种由初始活动引致结果的因果关系。因此，研究商业模式创新的内在机理，仅仅将问题聚焦在某一点是不恰当的。必须采取系统分析方法，跳出自身商业模式来审视商业模式。只有这样，企业才能够在明晰企业活动及其价值创造间内在联系的基础上，通过改变初始活动进而改变这些“相互关系”，以达到“产生不同的行为变化形态”或是“影响行为”的系统效果，最终推动企业价值的创造与实现。此外，基于系统思考理论开发的因果回路图工具，不仅可以用于寻找、描述存在于商业模式创新之中的“相互关系”，还可以为商业模式创新的具体路径与发展取向提供指导。因此，可以这样说，借助系统思考的理论及工具对商业模式创新机理问题进行的研究，在研究目的、研究内容及研究方法等方面，均存在着高度的契合性。

本章采用多案例研究方法来分析商业模式的创新过程及其内在机理。首先，是因为案例研究方法可以抓住隐藏在可见事实背后的关键变量，从而能够给企业实践及学术界提供理论及模式（Gallivan，2001）。其次，之所以选择多案例研究而不是单案例研究方法，主要是因为该方法的逐项复制原则可以用于检验已经构建的理论框架中某一特定的现象在哪些条件下才有可能出现（殷，2004）。这有助于把握诱发创新的初始活动与创新效果之间的因果联系，从而可以进一步明晰商业模式创新的触发动因与运作机理。

本章选取四种企业商业模式创新的实践模式，借助基于系统思考理论开发的因果回路图工具描述出相应的价值创新系统，对驱动商业模式创新的初始活动及存在于创新活动之间的因果机制进行系统描述，在此基础上，对已有文献及所建构理论进行修正与完善。就资料收集方法而言，考虑到多样化的研究方法可以使案例研究基础更加坚实有效（韵江和刘立，2006），本章采用跟踪研究与深度访谈两种方法研究海尔案例，采用基于行业的数据收集方法研究“山寨”企业案例，采用文献研究方法分析微软与英特尔案例。

4.4 商业模式的创新实践及其机理分析

4.4.1 海尔的战略规划拉动型商业模式创新

海尔是我国较早提出并且将商业模式创新付诸实践的代表性企业。2007 年 4 月，海尔开始进行“第二次流程再造”，提出“从传统的生产制造商向全局永久服务性企业转换”的战略目标，由此开始打造其全新的商业模式。到 2009 年，海尔将其组织结构变革为“倒三角”模式，使一线员工直接面对市场终端需求，“倒逼”企业体系提供支持资源，变传统的领导下令为一线员工主动让用户满意。战略转型及由此引致的“倒逼”体系的建立，使海尔在技术研发、生产制造、仓储物流、管理制度等方面发生巨大变化。本章对近年来海尔的一系列创新活动进行梳理，并借助 Vensim 软件绘制出海尔商业模式创新的因果回路图，如图 4-2 所示。

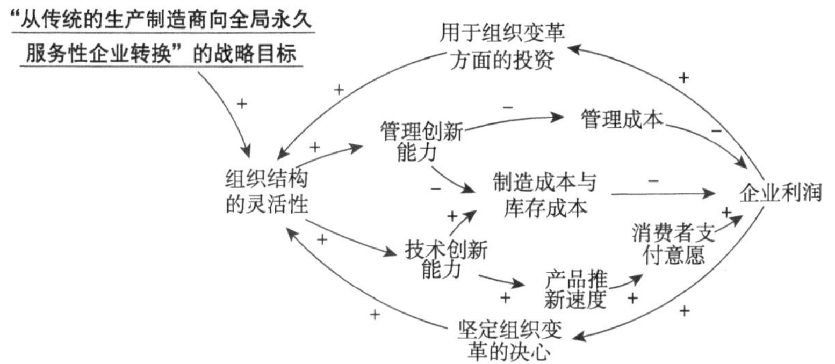

图 4-2　海尔商业模式创新的因果回路图

加黑、下划线格式表示初始创新活动，—+→、—−→表示因果关系链及影响方向

“从传统的生产制造商向全局永久服务性企业转换”的战略目标催生了“倒逼”体系的形成，从而使海尔的组织结构更具灵活性。以组织结构的灵活性为出发点，一共涉及以下 8 条因果关系链：①组织结构的灵活性→管理创新能力→管理成本→企业利润→用于组织变革方面的投资→组织结构的灵活性；②组织结构的灵活性→管理创新能力→管理成本→企业利润→坚定组织变革的决心→组织结构的灵活性；③组织结构的灵活性→管理创新能力→制造成本与库存成本→企业利润→用于组织变革方面的投资→组织结构的灵活性；④组织结构的灵活性→管理创新能力→制造成本与库存成本→企业利润→坚定组织变革的决心→组织结构的灵活性；⑤组织结构的灵活性→技术创新能力→制造成本与库存成本→企业利润→用于组织变革方面的投资→组织结构的灵活性；⑥组织结构的灵活性→技术创新能力→制造成本与库存成本→企业利润→坚定组织变革的决心→组织结构的灵活性；⑦组织结构的灵活性→技术创新能力→产品推新速度→消费者支付意愿→企业利润→用于组织变革方面的投资→组织结构的灵活性；⑧组织结构的灵活性→技术创新能力→产品推新速度→消费者支付意愿→企业利润→坚定组织变革的决心→组织结构的灵活性。

可以看出，战略目标并没有进入系统循环，它只是海尔商业模式创新的驱动要素，在因果回路图上以“悬摆”的形式出现。更具灵活性的组织结构提升了海尔的管理创新与技术创新能力。管理创新方面，

"倒三角"组织架构强化了作业人员与管理人员的沟通学习，不仅降低了管理成本，也使管理人员能够主动、精确、低成本地为作业人员提供资源，从而能够降低制造成本与库存成本，二者都为海尔赢得了更大的利润空间。技术创新方面，"倒三角"组织架构使海尔一线作业人员能够精确把握客户需求及市场竞争状况，有利于海尔研发水平的提升，由此便可以降低制造成本及库存成本。此外，一线人员与目标客户的零距离接触，可以使产品更新及推新速度显著加快，从而提高消费者支付意愿，进而带来企业利润的上升。当然，一个合适的利润空间一方面可以保障企业有足够的资金用于组织创新，另一方面也更加坚定了海尔管理层组织变革的决心，二者都进一步提高了组织结构的柔性程度，使海尔"倒逼"体系愈加完善。

从海尔商业模式创新的实践来看，以大规模定制为特征的制造技术、以零库存为标志的库存理念与技术、卓越的管理创新能力等，分别属于技术能力、组织学习与管理创新范畴，可以被划归为图 4-1 所示的创新要素模块。因果关系链"技术创新能力→产品推新速度→消费者支付意愿"显然表明的是海尔确定其产品价位的基本逻辑，属于收入模式设计模块。而正是"从传统的生产制造商向全局永久服务性企业转换"的战略目标推动了海尔创新要素的利用，进而启动了海尔商业模式的创新系统，从而使海尔的商业模式逐渐由大规模生产（追求生产经济性，企业是传统的生产制造商）向大规模定制（追求需求经济性，企业可以看作全局永久服务性企业）转型。也正是在这个意义上，本章将海尔 2007 年以来的创新活动划归为战略规划拉动类型。

需要特别强调的是，即便海尔没有提出战略转型目标，即商业模式创新的初始活动并未发生，但图 4-2 所示的因果联结机制仍然是海尔组织结构中的一个客观存在，具有 Mitchell 和 Coles（2003）所强调的内生性、根植性。只不过由于该因果联结机制未被触发，不能催生价值生成，所以商业模式创新也就无从谈起。

总结起来，从海尔"第二次流程再造"的实践模式分析可以得出：①商业模式创新包括战略分析、要素利用与收入模式三大模块，包含的系统元素有市场选择、产品定位、组织创新、技术创新、管理创新、投资模式、收入模式。②三大模块之间及各模块内部存在复杂的因果关系，因果关系链①至⑧描述了这种关系。③海尔的商业模式创新由"从传统的生产制造商向全局永久服务性企业转换"这一战略目标所启动，以"倒三角"为标志的组织架构构成系统循环的关键环节，是创新成败的关键所在。这表明，技术创新与管理创新不仅应被视为商业模式创新的有机组成部分，而且同时应作为创新成功实施的情境而存在。

4.4.2　"山寨"企业的创新要素推动型商业模式创新

近年来，在我国华南地区尤其是广州、深圳等地，一种由小作坊组装产品起步的"山寨"企业运营模式发展迅速，采取该模式的"山寨"企业依靠制造、销售"仿造性、快速化、平民化"的产品，涉及手机、电视、电脑、游戏机等，给我国电子产业发展带来了极大影响。图 4-3 描述了一个典型的从事手机生产的"山寨"企业开展商业模式创新的内在机理。

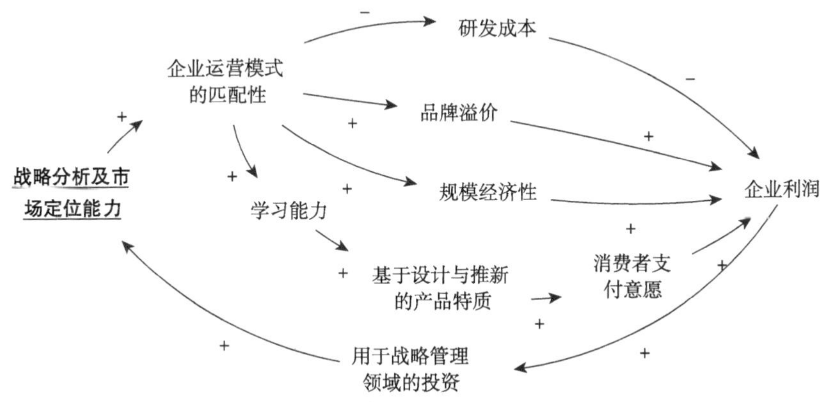

图 4-3　"山寨"企业商业模式创新的因果回路图

加黑、下划线格式表示初始创新活动，—+→、—−→表示因果关系链及影响方向

和品牌手机相比，"山寨"手机主要有两大消费市场：一是收入不高、注重实用的农村市场（包括农村外出务工人员）；二是崇尚个

性、标新立异的城市高收入人群。在这种大环境下，“山寨”企业在准确分析市场需求、将上述两大消费群体确定为目标市场之后，必须在品牌运营和“山寨”运营两个运营模式中间做出果断选择，建立一个不变的核心观点来服务顾客与利益相关者，因为这关乎创新要素的具体构成及其创新绩效，从而决定了商业模式的性质。因此，尽管战略分析中的市场定位是商业模式创新的基本前提与逻辑起点，但“山寨”企业之所以能够与品牌企业相抗衡，主要是因为它们“主动”选择了一个与目标市场相匹配的运营模式。因此，正是在这个意义上，本章将“山寨”商业模式划归为要素推动型创新。

以企业运营模式的匹配性为起点，一共存在 4 条因果关系链：①企业运营模式的匹配性→规模经济性→企业利润→用于战略管理领域的投资→战略分析及市场定位能力→企业运营模式的匹配性；②企业运营模式的匹配性→研发成本→企业利润→用于战略管理领域的投资→战略分析及市场定位能力→企业运营模式的匹配性；③企业运营模式的匹配性→品牌溢价→企业利润→用于战略管理领域的投资→战略分析及市场定位能力→企业运营模式的匹配性；④企业运营模式的匹配性→学习能力→基于设计与推新的产品特质→消费者支付意愿→企业利润→用于战略管理领域的投资→战略分析及市场定位能力→企业运营模式的匹配性。

首先，因果关系链①和②反映了“山寨”企业的运营模式中技术创新推动商业模式创新的内在机理。依靠模仿知名品牌不仅可以显著降低企业研发成本，大幅掠取品牌价值，从而能够保证企业利润。其次，本章从组织结构创新角度分析因果关系链③内含的因果机制：“山寨”企业往往基于统一平台[如芯片提供商联发科(Media Tek Inc.，MTK)] 开发生产，企业之间使用可互换的标准件。这种模块化簇群生产方式使“山寨”企业能够突破组织边界的限制，获得大量生产的规模经济性，由此也可以保证企业利润。最后，因果关系链④反映出组织学习对商业模式创新的影响：统一平台的引导可以显著提升企业的挖潜学习与探新学习效应，大大增强企业的学习能力，从而保证较高的设计自由度与产品差异性，这不仅能够保证“山寨”企业对技术和市场环境的变化做出更快速的反应，而且使得企业通过整合品牌手机功能迅速推出新产品，还可以显著提升消费者的支付意愿，从而获取较高的利润。因此，无论是技术创新、组织结构创新还是学习能力提升方面（创新要素利用），在实现低价与大量销售（收入模式设计）的前提下，企业都可以扩大投资来提高战略分析能力与市场定位（企业战略分析）的精确度，以更加匹配“山寨”模式的运营特点。

通过分析“山寨”企业的商业模式创新案例，本章得出以下结论：①商业模式创新包括战略分析、要素利用与收入模式三大模块，包含的系统元素有市场选择、产品定位、竞争战略、技术创新、组织学习、投资模式、价位水平、促销技巧。②三大模块之间及各模块内部存在复杂的因果关系，因果关系链①至④描述了这种关系。③与海尔的战略规划拉动型商业模式创新相比，图 4-3 中并没有触发“山寨”企业商业模式创新的“悬摆”。但这并不意味着不存在驱动商业模式创新的初始活动。正如前文所分析的，在对消费市场做出精确分析与定位的前提下，企业恰恰是依靠模仿品牌产品设计、开展模块化簇群生产，才能够制造出“仿造性、快速化、平民化”的产品，最终推动商业模式创新。

4.4.3 微软的收入模式实现型商业模式创新

在现实经济运行中，许多经济学家发现垄断企业的产品价格一般低于传统理论所确定的最优垄断价格（即边际收益等于边际成本时的价格）。例如，微软操作系统软件 Windows 的价格为 40~50 美元（出售给计算机制造商的价格），与操作系统的历史价格及其他操作系统的现行价格相比，是比较低的。作为一家垄断企业，微软降价销售产品的动因何在？对于这个传统经济学理论难以解释的现象，系统思考理论则可以给出较好说明。图 4-4 描述了微软通过降低操作系统价格推动商业模式创新的系统机理。

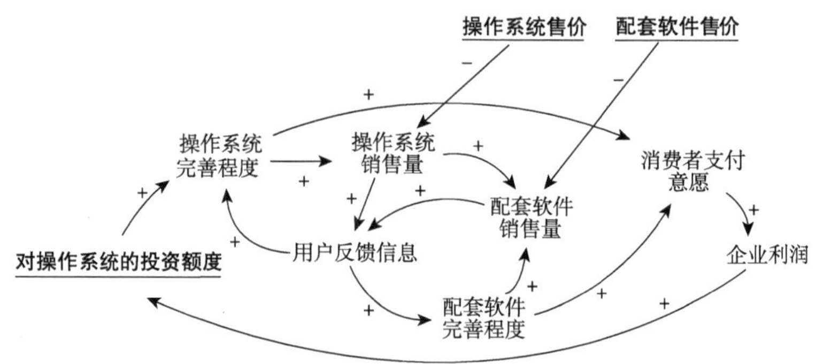

图 4-4　微软商业模式创新的因果回路图

加黑、下划线格式表示初始创新活动，+→、−→表示因果关系链及影响方向

图 4-4 显示，操作系统售价与配套软件售价是因果回路图的两个“悬摆”。以操作系统销售量为起始点，存在以下 4 条因果关系链：①操作系统销售量→用户反馈信息→操作系统完善程度→操作系统销售量；②操作系统销售量→配套软件销售量→用户反馈信息→操作系统完善程度→操作系统销售量；③操作系统销售量→用户反馈信息→配套软件完善程度→消费者支付意愿→企业利润→对操作系统的投资额度→操作系统完善程度→操作系统销售量；④操作系统销售量→配套软件销售量→用户反馈信息→配套软件完善程度→消费者支付意愿→企业利润→对操作系统的投资额度→操作系统完善程度→操作系统销售量。

以配套软件销售量为起始点，存在 3 条因果关系链：①配套软件销售量→用户反馈信息→配套软件完善程度→配套软件销售量；②配套软件销售量→用户反馈信息→操作系统完善程度→操作系统销售量→配套软件销售量；③配套软件销售量→用户反馈信息→配套软件完善程度→消费者支付意愿→企业利润→对操作系统的投资额度→操作系统完善程度→操作系统销售量→配套软件销售量。

对上述 7 条因果关系链的总体分析表明，收入实现环节是微软创新其商业模式的突破口。具体来说，微软通过降低操作系统售价，增加其销售量，但并没有因此而直接实现产品利润。在操作系统销售量与企业利润之间，存在着更为复杂的因果机制关系。一方面，操作系统销售量的增加意味着更多的操作系统用户及更多的用户反馈信息，对操作系统改进、配套软件研发都起到极其重要的促进作用，这进一步引起了消费者支付意愿显著提升，并最终为企业带来收入。当然，依靠操作系统销售量的增加促使操作系统改进及配套软件研发带来的绩效，属于要素利用模块（主要是技术创新）的商业模式创新。另一方面，降低操作系统价格使其市场规模扩大，使配套软件销量大幅提升。而由于技术锁定的影响，提高配套应用软件售价又不至于使客户大量流失，故微软能够靠提高配套软件售价来获取利润。总之，在收入实现环节，提高配套软件售价才是微软商业模式成功的撒手锏。同时，微软降低操作系统售价，通过低价来阻碍竞争对手进入操作系统市场的做法，也表明隔离机制在企业利润实现中的重要性。

本章可以对微软上述商业模式创新做如下判断：①作为初始创新活动，操作系统售价与配套软件售价触发了微软商业模式的创新系统。但除此之外，微软商业模式创新还在于商业模式系统结构本身的变动。如果微软将操作系统软件与配套软件的功能整合到一种软件中对外销售，其商业模式创新的因果关系则如图 4-5 所示。显而易见，图 4-4 与图 4-5 所示的因果回路图存在显著差异，这说明与传统的收入模式相比，微软商业模式创新在于其“价值系统本身的再造”（Christensen，1997）。②微软对操作系统与配套软件实行分别定价，属于典型的收入模式实现型商业模式创新；由图 4-5 到图 4-4 所示的商业模式创新路径，反映出微软独特的目标市场定位（全方位市场战略，即通过低价占领操作系统市场，通过技术锁定占领配套软件市场）与产品定位（消费者只有同时购买操作系统与配套软件，才能体现产品性能），这属于战略分析模块；依靠大量用户反馈信息提升两种软件质量，以及依靠技术锁定保证两种软件销售量，属于要素利用模块。因此，微软的商业模式创新仍然包含战略分析、要素利用与收入模式三大模块，主要包括以下几种系统元素：市场选择、产品定位、竞争战略、组织学习、技术创新、价位水平、促销技巧、隔离机制及投资模式。③三大模块之间及各模块内部存在复杂的因果关系，以操作系统销售量和配套软件销售量为起始点的 7

条因果关系链描述了这种关系。

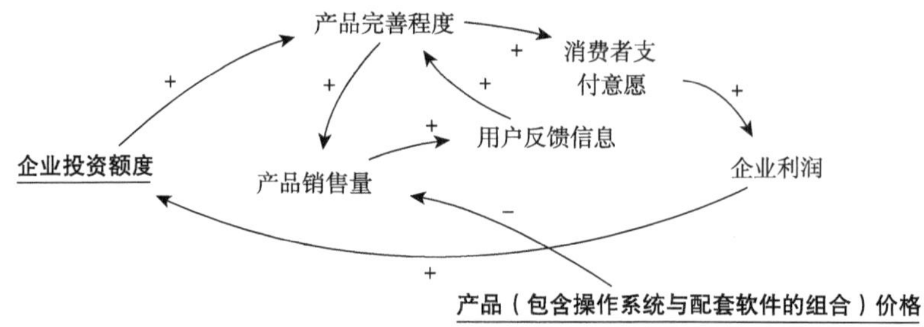

图 4-5　整合功能软件销售时微软商业模式创新的因果回路图

加黑、下划线格式表示初始创新活动，$\xrightarrow{+}$、$\xrightarrow{-}$表示因果关系链及影响方向

4.4.4　微软与英特尔商业模式创新系统之间的互动

Casadesus-Masanell 和 Ricart（2007）研究指出，当两个企业的活动结果相同且相互接触时，将会引起商业模式之间的互动，这也会使商业模式发生变革。为了表明两企业商业模式创新的接触效果，本章在不改变内在因果关系的前提下将图 4-4 进行翻转，并加入了英特尔投资对其的影响（图 4-6）。从图 4-6 右半部分可以看出，从英特尔增加投资算起，一共存在两条因果链：①英特尔：对处理器的投资→处理器性能→处理器消费者支付意愿→产品价格→英特尔利润→英特尔：对处理器的投资；②英特尔：对处理器的投资→处理器性能→处理器销量→学习能力→生产成本→英特尔利润→英特尔：对处理器的投资。

通过对上述两条因果关系链的分析可以看出，英特尔增加对处理器的研发投资，致使处理器质量、性能提升（更快的运算速度、更稳定的运算效果），进而提升消费者支付意愿，从而可以获取较高的企业利润。另外，处理器质量、性能的提升使其销量增加，市场规模与学习能力带来较高的规模经济性，从而也可以保证英特尔的产品利润。

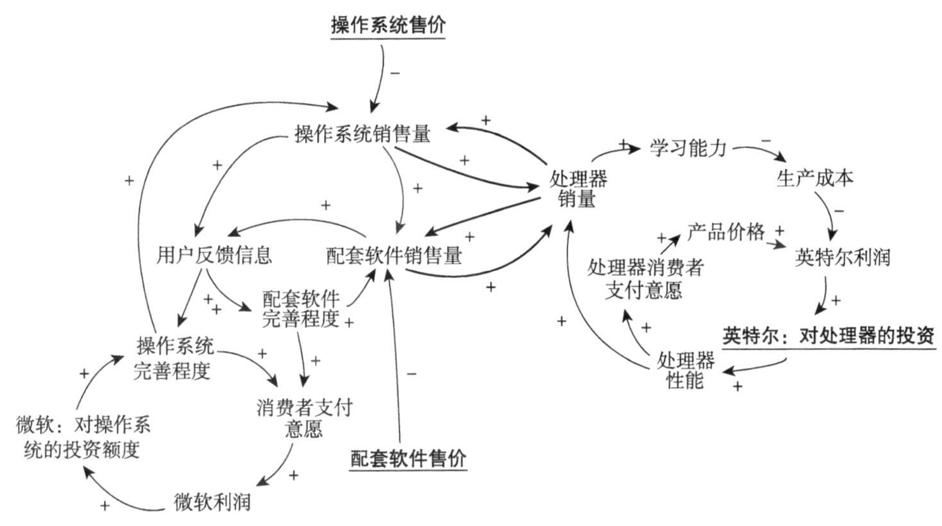

图 4-6 微软与英特尔商业模式创新互动下的因果回路图

加黑、下划线格式表示初始创新活动，$\xrightarrow{+}$、$\xrightarrow{-}$表示因果关系链及影响方向，加粗的因果关系链表示两企业商业模式的接触与互动界面

与此同时，随着处理器销售量的增加，作为互补品的配套软件及操作系统销售量也相应增加。由此触发了图 4-4 所示的微软商业模式的创新机制，最终推动微软公司的商业模式发生改变。从这个意义上说，英特尔处理器销售量可以作为微软价值系统的一个“悬摆”而存在。当然，反过来同样如此，如果微软通过降低操作系统价格来提升配套软件价格，启动其商业模式创新系统，操作系统销售量与配套软件销售量的增加同样也会引起英特尔处理器销售量的变化，从而驱动英特尔的商业模式创新。也就是说，微软操作系统销售量与配套软件销售量同样可以作为英特尔商业模式创新价值系统的“悬摆”而存在。可以看出，操作系统销售量与处理器销售量之间，以及配套软件销售量与处理器销售量之间相互接触，构成两个首尾相顾的因果反馈关系，从而保证微软与英特尔商业模式互动系统能够持续进行。

我们可以对英特尔增加投资后的微软的商业模式创新机理做如下判断：①就商业模式创新的触发因素而言，除了微软主观上降低操作系统售价与提高配套软件售价外，英特尔对其处理器的投资增加也是微软商业模式创新的客观因素。②微软商业模式创新系统的构成要素没有发生改变。③微软商业模式创新过程蕴含着复杂的因果关系，图 4-6 所示的因果回路图表明了这些关系。

需要特别指出的是，企业之间的模式互动并非都是有利的，降低互动也是企业开展商业模式创新的方式之一。Casadesus-Masanell 和 Ricart（2007）的研究表明，企业降低互动通常有两种做法：一是修改商业模式，使组织转移到其他领域，这样与对手的商业模式的联系点（即不同商业模式的接触与互动界面）就会大大减少，进而降低模式间的互动。二是在商业模式中增加要素，扶植其他参与者成长，以降低合作伙伴的重要性。例如，微软扶植超威半导体公司以降低英特尔的重要性。同样，英特尔支持 Linux，以降低用户对微软操作系统的依赖性。这也证明了前文文献研究所得出的基本结论：竞争与合作战略定位（strategic positions）及组织结构创新在商业模式创新中起着重要作用。

4.5 本章小结：商业模式创新机理的系统思考框架

理论应该随着对存在于案例及其背后内在逻辑中的各种关系模式的辨析而不断涌现。本章正是在文献研究的基础上，先总结出图 4-1 所示的商业模式创新系统的分析框架，然后采用多案例研究方法对企业商业模式创新的机理进行了系统思考（表 4-1），得出以下结论与启示。

表 4-1 企业商业模式创新实践的比较

创新要素	海尔	“山寨”企业	微软	受到英特尔投资影响的微软
创新类型	战略规划拉动	创新要素推动	收入模式实现	商业模式互动
构成要素	市场选择、产品定位、组织创新、技术创新、管理创新、投资模式、收入模式	市场选择、产品定位、竞争战略、技术创新、组织学习、投资模式、价位水平、促销技巧	市场选择、产品定位、竞争战略、组织学习、技术创新、价位水平、促销技巧、隔离机制、投资模式	市场选择、产品定位、竞争战略、组织学习、技术创新、价位水平、促销技巧、隔离机制、投资模式

续表

创新要素	海尔	“山寨”企业	微软	受到英特尔投资影响的微软
初始创新活动	“从传统的生产制造商向全局永久服务性企业转换”的战略目标	以“模仿品牌产品设计、开展模块化簇群生产”为特征的生产模式	以“降低操作系统售价，同时提高配套软件售价”为特征的收入模式再设计	微软：降低操作系统价格，同时提高配套软件价格；英特尔：增加对处理器的投资
传导机理与实现方式	启动创新因果联结机制	启动创新因果联结机制	重新设计创新因果联结机制	主观上重新设计+客观因素启动创新因果联结机制

（1）企业商业模式创新的本质是价值系统创新。企业战略分析、创新要素利用、收入模式设计构成商业模式创新的三大模块，分别决定了企业的价值来源、价值创造及价值实现方式。案例研究表明，投资模式对商业模式创新系统的良性循环起着重要作用，而这却是现有文献及图 4-1 所示的理论框架中所忽视的。究其原因，主要是已有研究忽视商业模式创新的系统性，这也进一步佐证了坚持商业模式创新系统思考的必要性。可以看出，投资模式是保证企业商业模式持续创新的重要因素，是连接收入模式与企业战略、创新要素的重要纽带。

（2）商业模式创新系统内部存在着多条首尾相顾、互相交织的因果关系链，它们决定了商业模式创新的触发动因、内在机理及实现方式。正是内化于这些因果关系链中的因果联结机制使商业模式创新成为一个逻辑自洽、循环往复的系统过程，而并非线性、单向的运作过程。但商业模式创新并非是企业经营的必然存在，只有因果联结机制被某种或某几种初始创新活动触发或改变，商业模式创新才能得以顺利进行。由此可以得出商业模式创新的两大路径或两种方式：一种是因果联结机制架构合理，只要初始活动介入触发该机制，商业模式创新便可实现。另一种是因果联结机制本身存在问题，因此必须先对其进行重新设计，同时寻求触发该机制的初始活动。

（3）本章的因果回路图显示，触发或改变因果联结机制的初始创新活动可能是系统的一个“悬摆”，只作为触发动因而存在，不进入系统循环过程，但也有可能进入系统内部，既是触发动因，同时又引致结果。这就要求创新推手在推动商业模式创新时，既要关注系统之外创新环境或驱动要素的影响，同时又要注意深入价值系统内部，寻找可以决定商业模式属性与商业模式创新取向的关键节点，将其作为驱动创新的初始活动。

（4）商业模式创新并不是单个企业的孤立活动。企业必须与外部环境及其他企业的商业模式保持互动，通过商业模式创新来适应环境要求及创造生存机会。因此，企业应当重视外部环境的变化，注意利用外部资源，处理好与其他企业的竞争与合作关系。

（5）本章关于商业模式创新机理的分析还为企业商业模式创新实践提供了指导。在商业模式创新中，战略规划及其执行缺一不可。企业只有综合考虑初始活动、蕴藏于企业活动中的因果联结机制及外部环境的要求，才能制定一个合适的商业模式创新技术路线图。商业模式创新并不是某个企业或企业某个部门自身的事情。任何试图通过企业某一部门在某个时点（或时间段）实施某一活动就能实现企业商业模式创新的做法都是徒劳的。

基于上述结论，本章对商业模式创新的机理做出进一步总结，如图 4-7 所示。

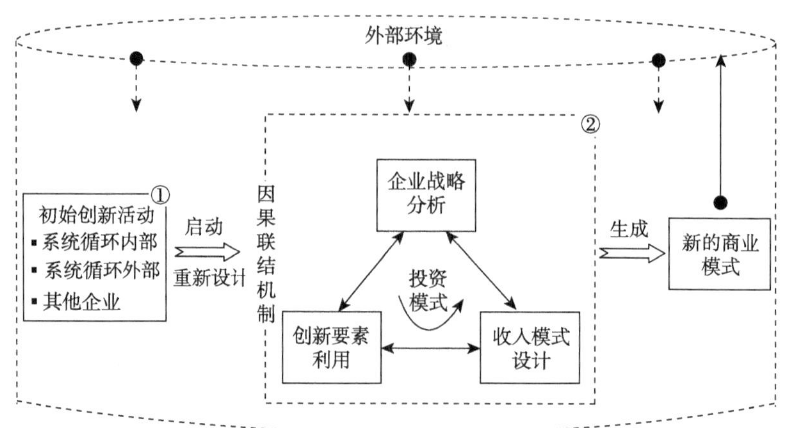

图 4-7 商业模式创新机理的系统思考框架

→、↔表示因果关系链，⟹表示导致新因果机制或商业模式生成的外力作用，●-->表示外部环境压力，●→表示对外部环境的适应或改变，①表示商业模式创新的触发动因层，②表示商业模式创新的内在机理层

第 5 章 商业模式创新的路径设计

在系统动力机制的作用下，商业模式创新过程会表现出明显的阶段性。本章拟通过对商业模式属性差异与阶段性特征的把握，建立商业模式创新路径的“目标池”，继而基于管理创新过程，提炼总结企业家视角下商业模式创新的技术路线图。

5.1 基于属性差异与发展阶段的商业模式创新路径“目标池”

5.1.1 商业模式创新的分类研究

商业模式创新最直观的表现，就是企业在不同发展阶段对某种商业模式的动态选择。因此，对商业模式及其创新类别的明确是企业商业模式创新的起点。围绕该问题，本章将先对我国制造业企业的商业模式创新实践做出聚类分析，得出商业模式创新的若干小类，进而以创新的若干小类与发展阶段为坐标轴，建立商业模式创新类别判断的二维坐标系，最终得出可供选择的商业模式创新路径“目标池”。

商业模式及创新的分类学研究是商业模式研究领域的重要内容。Koen 等（2011）以技术特征、财务报酬、价值网络为维度，构建了商业模式创新分类的三维模型。Gebauer 和 Saul（2014）研究了低收入国家的净水供应技术及市场情况，指出虽然水处理在技术上已经不存在障碍，但是处理成本却一直居高不下。他们提出了四种可行的商业模式：一是将低价值设备赠送给生活极端贫困的人们；二是将高价值设备出售给低收入客户；三是将社区作为水处理厂的受益者；四是采用特许加盟售水服务，强化混合商业模式的作用。Taran 等（2015）研究了两家企业十大商业模式创新事件，分析了每种商业模式创新的特点及其成功率。结果显示，每种商业模式兼有利弊。Clausen 和 Rasmussen（2013）基于“研究为基础的副产品”研究了商业模式创新的分类问题。Bourreau 等（2012）以法国唱片公司的创新实践为例，为数字音乐行业设计了五种商业模式。Richter（2013）针对新能源行业设计出三种通用的商业模式创新类型，为德国海上风电选取了其中的两种模式，并对十大创新驱动因素做出探讨。Shin（2014）调查了韩国社交网络服务（social networking system，SNS）行业的 102 位管理者，基于三螺旋模型梳理出可供企业选择的四类商业模式。媒体融合正在改变现有媒体的商业模式（Izquierdo-Castillo，2012）。医疗过程标准化、医疗服务针对性、医疗对象为中心是医院商业模式改革所面临的最大挑战，而医疗结果的不确定性和医疗知识的专业性又加剧了这一挑战。有鉴于此，Castano（2014）总结出六大商业模式，并对商业模式创新的关键因素进行了梳理。这为发展中国家解决如何既能压缩医院的支出，又能提供标准的医疗服务这一难题提供了借鉴。Mettler 和 Eurich（2012）着眼于电子医疗保健行业，基于体系结构和软件工程意义上“设计模式”的应用，探讨了三个商业模式的原型，为电子医疗营销人员设计可持续商业模式提供了工具。Morris 等（2013）基于俄罗斯餐饮服务行业的截面数据，总结了七种商业模式，实证研究了商业模式设计与企业绩效之间的关系。Saebi 和 Foss（2015）将开放式商业模式创新区分为效率中心型、用户中心型、合作型和开放平台型四类商业模式。如表 5-1 所示，Kesting 和 Günzel-Jensen（2015）设计了一个框架，区分出五种商业模式创新类型：①发现产品的附加功能；②为第三方创造价值；③分析现有资源，获取规模经济；④超越现有销售；⑤设计产品以实现顾客卷入。

表 5-1　商业模式创新的五种类型

商业模式创新类型	商业模式创新步骤	企业实例
发现产品的附加功能	步骤 1：寻找更多广告的位置 步骤 2：探究如何销售这些广告	公交广告
为第三方创造价值	步骤 1：界定价值受益方 步骤 2：列出资源在哪些方面创造出了成本优势	Google、Ryanair
分析现有资源，获取规模经济	步骤 1：识别哪些资源是有优势的 步骤 2：列出资源在哪些方面创造出了成本优势	Book and Smiile
超越现有销售	步骤 1：界定卖点 步骤 2：以更容易的方式设计提供物	Ryanair
设计产品以实现顾客卷入	步骤 1：探索哪些任务可以让用户承担 步骤 2：识别顾客如何更有效地卷入价值创造中	Trip Advisor，Spreadshirt，StudiVZ

对商业模式要素或结构的分类认识，引发商业模式设计或创新的模块化思想形成。Tsvetkova 和 Gustafsson（2012）基于模块化、分布式思维设计了生物燃料企业的商业模式。čudanov 等（2012）基于云计算理念，重新设计了生物信息行业的商业模式网络结构。有学者将商业模式变革与企业的核心能力联系在一起，试图整合两种思路考虑商业模式的演变，特别是商业模式组件之间的互动，并提出了“动态一致性”（dynamic consistency）的观点，认为商业模式进化其实就是企业为呼应外界变化，被动或主动调整组件的过程（Demil and Lecocq，2010）。Daas 等（2013）将软件供应商的商业模式与决策支持系统建立联结，将商业模式分成几个独立的子模块，使商业模式设计更加规范化。

5.1.2　商业模式组合

早期商业模式创新的研究路径：通过理论研究或实证研究构建分类框架，识别出针对各类环境的商业模式创新类别，然后根据具体情况选取其中一种予以实施。然而最近的研究表明，“一招鲜”，即单纯实施一种商业模式可能会面临自身刚性、对手模仿等诸多问题，企业更倾向于在同一时期实施两种或两种以上的商业模式。本章将同一企业在同一时期实施的这些商业模式称为商业模式组合。商业模式组合并不总意味着风险，如能被应用得当、成功实施，就可以作为战略家的新工具（Casadesus-Masanell and Tarziján，2012）。可以看出，商业模式组合是商业模式创新的重要表现形式，因此商业模式组合研究仍然属于商业模式创新分类范畴。

Teece（2010）指出，商业模式设计存在两个极端：一是从 A 到 Z 的全面设计；二是单纯聚焦某一环节（如专利）的单点设计。实际上，实践中出现的混合商业模式理应受到重视。Markides 和 Charitou（2004）指出，在位企业通常将采用新商业模式的新加入者视为“坏”的竞争者，因此会尽力阻挠潜在进入者的进入，或是向新进入者发起猛烈进攻。从新进入者角度看，如果不采用新的商业模式就很难在现有市场中立足。因此，兼具新老两种商业模式，通常是新进入者缓解在位企业进攻的一种必然选择。Sabatier 等（2010）提出商业模式组合概念，以欧洲四家生物技术公司商业模式为例，探讨了商业模式组合运作原则。两种商业模式可以同时在某时期并存，新模式可能风险很大，老模式的好处在于收入稳定。两种模式可以交叉互补（Sosna et al.，2010）。Markides（2013）对某一企业如何整合两种冲突的商业模式进行了系统研究，提出了解决这一问题的 30 种方法。他认为，企业采取隔离思想，通过成立新部门、实践新商业模式并不总是必要的；企业应秉承整合思想，重视两种商业模式及其背后资源的协同效果。确有实证研究表明，商业模式组合更有利于企业内部的技术共享，从而使企业更具创新性（Clausen and Rasmussen，2013）。Willemstein 等（2007）基于 80 家企业和 4 个案例的纵向数据，研究发现，无论是新创企业，还是现有企业，其商业模式创新均与荷兰人口基数相关。同时，商业模式并非是简单的从 A 到 B 的转化，更多的时候允许多种商业模式共同存在。Benson-Rea 等（2013）以新西兰葡萄酒行业 7 家企业为例，试图证明某一企业同时实施多个商业模式的可能性。研究发现，价值创造是在商业模式互动的背景下完成的。因此，他们对“企业应当也必须拥有单一的商业模式、商业模式创新就是企业或行业实施战略 A 或 B 或 C”这一观点提出了质疑，认为随着时间变化，企业或行业既可以单独实施某一战略，也可以同时实施多种战略，从而推进其商业模式创新。

当然，商业模式组合的成功实施，需要满足一定条件。例如，需要考虑技术与外部环境的影响（Pateli and Giaglis，2005），可以采用分阶段决策有效解决公司长远战略与权宜之计之间的矛盾（Velu and Stiles，2013）。Bonaccorsi 等（2006）调查了意大利 146 家软件公司，发现企业在同一环境中之所以能够依据不同标准选择混合商业模式，与行业的开放程度密切相关。

5.2　企业家：商业模式的设计者与商业模式创新的启动者

在以单边市场和完全竞争为特征的一般均衡模型下，企业根本没有必要担心客户价值主张、收入体系、相关费用及价值获取机制，市场价格机制会解决一切问题。商业模式不存在设计方面的问题。但实际上，由于无形市场、双边市场、市场失灵的存在，允许价格机制发挥作用的纯净环境并不存在。实践证明，在一些极端的情况下，虽然消费者并没有产生对某些产品的需求，但还是通过“引致”需求、“引致”供应创造出新的市场。因此，在实践中，企业家和管理人员必须重视商业模式的设计。企业家作为商业模式设计者、创新触发者这一角色必须得到充分重视。

企业家有责任将消费者需求和新市场机遇与科学、技术和商业灵感相连接，从而主导商业模式的创新取向、组织变革和效果评估（Chesbrough and Rosenbloom，2002；Demil and Lecocq，2009；Esslinger，2011）。外部资源整合应被列为企业家的战略任务。管理者需要了解的价值创造的发展逻辑，从价值链转向价值网络。因此，管理者应该重视网络参与者在价值创造中的作用（Kähkönen，2012）。Shin（2014）以商业模式及其创新为主题，调查了韩国 SNS 行业的 102 位企业负责人，发现企业家更多地把注意力集中到了外部资源聚合与智能设备应用上，而不是关注 SNS 网络技术。要想管理复杂的商业模式，就需要提升管理者在动态决策、建立总体愿景和战略目标、多层次互动学习、冲突管理上的管理能力（Smith et al.，2010）。但需要明确的是，企业家的管理创新能力在商业模式及其创新中的作用，并不仅仅局限于企业家本人的能力，高层管理团队的作用同样不可忽视。Aspara 等（2013）以 1990~1996 年的诺基亚商业模式转型为例，揭示了高管团队在企业内外部建立、分享商业模式创新认知的重要性。在软件设计、网络服务等行业，审视外部环境不仅是管理人员的任务，所有开发人员均必须秉承开放式创新观念，做到与客户的实时互动（Wirtz et al.，2010）。

学界对企业家推动商业模式创新的内在机理进行了系统研究。企业家之所以开发、选择突破式商业模式，主要由机会感知、威胁感知和风险规避来驱动，而利用式商业模式则与威胁感知和行业经历负相关，与风险感知正相关（Osiyevskyy and Dewald，2015b）。商业模式由资源结构、中介结构和价值结构组成，企业家的创业认知在其中起着重要的联结作用（George and Bock，2011）。企业家的管理和创业技能，以及管理关系显著影响商业模式的创新。创业技能和管理关系的互动推动了商业模式创新，而管理技能和管理关系的互动抑制了商业模式创新（Guo et al.，2013）。

尽管有时商业模式优势并不被公司甚至市场认可，但企业家的创新信心仍然高于一般员工，其响应测试结果与预期的贝叶斯理性行为是一致的（George and Bock，2011；Huelsbeck et al.，2011）。这也说明，商业模式创新决策中创新惯性突破的重要性。Bock 等（2012）指出，简化组织结构、放弃对非核心职能的控制权可以显著提高商业模式的灵活性。企业家必须有选择地“忘记过去”，以更好地创造未来（Govindarajan and Trimble，2011）。

需要指出的是，也有实证研究表明，商业模式的演变和企业家对公司规模和增长的愿望之间缺乏显著的一致性（Cervilla and Puente，2013）。

5.3　创新理念与工具

模式如何创新、设计目的如何，与学者对商业模式的认识密切相关。有学者从组织和财务两方面来理解商业模式。比较典型的是，Johnson 等（2008）指出商业模式可以从价值主张和收入模式两方面入手进行设计。de Reuver 等（2009）对欧盟国家移动互联网业务领域 120 位从业人员和专家的国际调查显示，一个成功的互联网商业模式包括两部分：一是组织设计问题（即合作伙伴的选择、管理和关系管理），以便行动者之间的分工更为合理；二是财务设计问题（即定价、合作伙伴之间的投资和费用的划分），以便各方财务风险能被感知且可控。Huarng（2013）将概念模型与财务模型整合在一起，认为应从两方面来理解商业模式。概念模型描述了哪种业务对企业有益，财务模型使商业模式的责任和数量可供测量。该模型将组织问题和财务问题区别开来，使商业模式的内部结构更为清晰，为企业家设计商业模式提供了思路。Zott 和 Amit（2010）进一步将商业模式及其设计系统化，指出商业模式设计应从元素和主体两方面进行。元素方面，包括商业模式的内容、结构和治理，描述的是商业模式活动系统的体系结构；主题方面，包括新颖性、锁定性、互补性和效率，描述的是商业模式活动系统的价值创造问题。就商业模式创新的内容而言，改变某种或某几种要素固然重要，但改变要素间的因果关系同样应得到重视（Hedman and Kalling，2003）。波特早在 1991 年便已经提出，初始条件（initial conditions）和管理选择（managerial choices）的匹配会引起企业的战略定位发生改变。

被学界广为接受并应用于商业模式设计实践的当属 Osterwalder 教授提出的商业模式画布工具。Kajanus 等（2014）以美国一家中型的木制品制造商为出口市场设计商业模式为例，重点研究了商业模式的评估和核心价值计算问题，完善了商业模式画布工具。Dijkman 等（2015）基于商业模式画布工具，针对物联网应用提出了一种商业模式框架，探讨了物联网商业模式的类型、模块和构件。Bonazzi 和 Zilber

（2014）认为创新应被理解为基于战略联盟、用户参与和多种商业模式互动的价值共创活动。正因如此，研究基于商业模式画布工具，从开放、非捆绑思路来审视商业模式，这使商业模式创新独立于价值创造与价值捕获之外，成为企业经营中的独立变量。Barquet 等（2013）以某机床制造商为例，基于商业模式画布工具，研究了生产性服务企业如何克服运营障碍，成功实现商业模式设计的过程。

商业模式设计与创新需要深入商业模式内部，重视可操作性（Otto et al.，2013）。适当的社会软件设计工具、透明的知识产权政策、适当的激励机制、循序渐进的学习和培养，以及员工授权都是商业模式设计与创新的必要条件（Hienerth et al.，2011）。管理人员可以应用商业模式工具将变革可视化,而正是这种变革提升了企业的内部透明度，增进了部门之间的相互理解，使企业能够抓住市场机会（Kindström and Kowalkowski，2014）。Wells 和 Seitz（2005）指出，企业应当重视将闭环系统集成到商业模式中,而不是仅仅在现有商业模式上增加附件。学者应该参与到创新过程中，而不仅仅是作为旁观者。信息系统在商业模式设计与创新实施中起着基础性作用。首先是信息系统可以将战略业务问题的结构与内容形式化、可视化，其次是可以提供战略运营的技术和工具,最后是计算机辅助设计等可以有效提升商业模式创新的针对性和效率（Osterwalder and Pigneur，2013）。

商业模式强调设计者管理创新的作用，但这不等于否认公司内部的市场机制。1987~1995 年诺基亚公司商业模式转型的历史表明，只有强调企业层面的“市场机制”，有竞争力的战略方案才能脱颖而出。在这个过程中，一个关键的机制是业务部门和公司总部之间的高管认知思维方式的交换，管理认知和组织变革存在动态交互（Aspara et al.，2011）。

此外，商业模式设计也不是万能的，由于模式设计与推行均具有自上而下的特征，有时会受到业务单位的阻碍。例如，由于具体项目的原因，子公司商业模式可能与母公司的商业模式相抵触（Mutka and Aaltonen，2013）。不同的技术许可模式下，被许可方应用、改进技术的范畴是不同的。Gambardella 和 McGahan（2010）甚至认为，成功的商业模式创新具有或然性，不能被计划。与此同时，在创新过程中，随时会有新的模式出现。因此，商业模式及其设计应当摒弃线性和因果推理。Andersson 等（2014）对商业模式创新进行了博弈推演。研究为两家企业设定了三个业务、三场博弈，发现新的竞争规则及其应用可以挑战现有商业模式，并引起经营意外，进而导致新的商业模式的出现。

5.4　商业模式创新的发力点

Amit 和 Zott（2012）明确提出，商业模式创新可以通过增加新活动、改变活动之间的联系，或者是改变影响活动的主体来实现，主要涉及六个方面：①商业模式的变化满足了消费者的哪些需求？②哪些创新活动使顾客满意？③如何将这些活动以更新颖的方式链接起来？④谁来推动这些创新活动？如何安排更好的管理与治理措施？⑤如何使价值创造惠及每一位利益相关者？⑥应该采用哪些收入模式，以做到和商业模式的互动互补？

Johnson 等（2008）认为，商业模式创新就是对其构成要素进行变革。这些要素分别如下：价值主张方面，提供的产品或服务比竞争对手更好地满足客户需求；收入模式方面，表明公司如何通过价值主张赚取利润；关键资源和关键流程（Johnson et al.，2008）。但我们也应看到，与改变某种或某几种要素相比，改变要素间的因果关系更应得到重视（Porter，1991；Hedman and Kalling，2003）。

Hedman 和 Kalling（2003）提出了商业模式的概念框架，指出商业模式应考虑客户和竞争对手、产品和服务、参与组织及其活动、资源和要素市场等。此外，商业模式更应考虑要素间的因果互动关系。Cagnina 和 Poian（2009）聚焦虚拟现实这一新生事物，绘制出一张雷达图框架，用来识别价值驱动要素和价值主张要素的后续影响。Chung 等（2004）以 Hasbro Far East 为例，提出以信息枢纽为杠杆驱动商业模式创新的框架。

Joha 和 Janssen（2012）认为软件即服务（software as a service，SaaS）可以被看作外包的第四次浪潮。SaaS 商业模式大多从服务提供者的角度来分析，鲜见用户角度的研究。研究使用统一的商业模式概念框架，基于两个案例确定出 SaaS 商业模式设计的八大要素：①SaaS 服务的特点；②SaaS 的价值源泉；③SaaS 的用户目标群；④数据结构配置和租赁模式；⑤SaaS 管理和需求/供应链管理的核心竞争力；⑥云部署模型；⑦SaaS 的集成和提供战略；⑧SaaS 的定价结构。需要注意的是，一个元素的变化能够引起其他相应元素的重新组合。例如，为了提供一项新的专业服务，企业需要单独创建一个部门来负责，必须设计一个新的激励机制。新的与客户接洽的方式、新销售方法等可能都是必需的。而有的企业可能有很强烈的服务意识，但由于不能落实到具体要素和能力上，故往往使创新流于形式（Kindström and Kowalkowski，2014）。

尽管商业模式是有关总体战略和结构的描述，但仍然需要厘清构成商业模式要素的独特资源和能力。

商业模式创新更应考虑企业与外部资源的呼应，利益相关者、投资组合的营利能力要比商业模式的内部组件（如客户价值主张、关键资源、关键工序等）更为重要（de Haro and Montpetit，2012）。Yunus 等（2010）研究了银行的价值主张、价值星系和利润公式，指出商业模式创新需要企业挑战传统思维，寻找互补的合作伙伴，并进行试错实验（经济层面）；引入社会利益导向的股东，更早重视社会效益（社会层面）。

5.5 企业商业模式创新的技术路线图

对于某个企业而言，商业模式创新是企业家精心设计的结果，是管理创新的至高境界。如图 5-1 所示，Pateli 和 Giaglis（2005）探讨了技术与外部环境对企业创新的影响，较早提出了商业模式变革的系统路线。

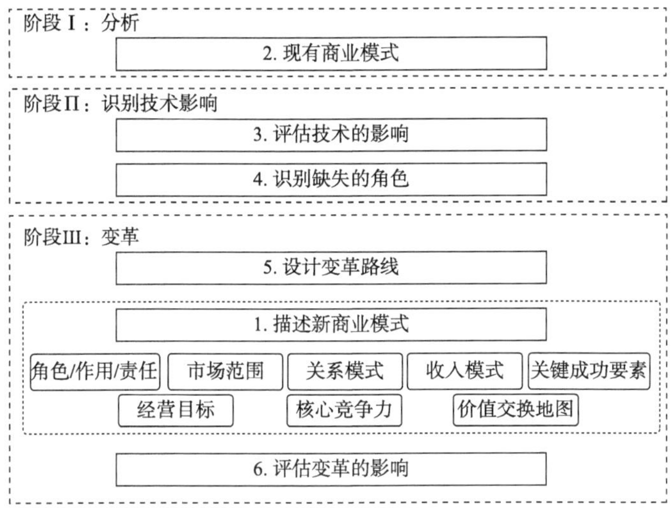

图 5-1　商业模式创新路径

资料来源：Pateli 和 Giaglis（2005）

如图 5-2 所示，Chiu 等（2015）认为商业模式创新包括市场分析、模式生成（新模式加装）和模式评估三阶段，并指出了每一阶段的具体方法。

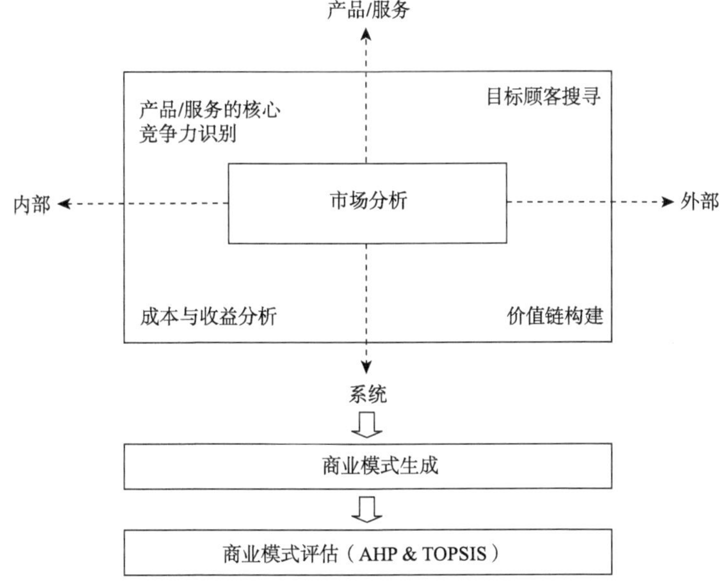

图 5-2　商业模式创新路径

资料来源：Chiu 等（2015）

依据价值创造和价值捕获这条主线，Euchner 和 Ganguly（2014）提出了商业模式创新的系统方法与具体步骤：显示价值主张，评估商业模式（一致性、竞争性、利润方式），识别风险，将风险排序，通过商业模式实验降低风险，置入组织孵化。可以看出，商业模式的设计与创新实施均充满风险。

Girotra 和 Netessine（2013）以系统方法研究了商业技术的概念框架及创新过程。针对现有商业模式效率低下这一情况，他们提出了商业模式创新三步走方法：首先，审核现有商业模式，找出有碍价值创造的信息和制度。其次，变革这些信息和制度（变革什么，什么时候变革，谁推进变革，变革理由）。最后，对形成的商业模式进行分析和实验（商业模式实验），以挑选最有前景的模式。

本章认为，商业模式创新并非是企业经营的必然存在，只有因果联结机制被某种或某几种初始创新活动触发或改变，商业模式创新才能顺利进行。而这些触发或改变需要创新推手来完成。作为管理创新的一部分，商业模式创新的推手主要是由企业家来承担的。商业模式创新大致可以分为机会识别、设计规划、事前评估、选择实施、事后评估、改进发展等步骤。

1. 机会识别

商业模式创新的第一步就是机会识别。企业不能“守株待兔”地等待机会的到来，而应主动出击，探寻搜索各种潜在的机会。对于沂蒙老区制造企业而言，要成为颠覆已有市场游戏规则的破坏者，就需要高度关注顾客，高度关注外部市场；把整个价值网络（包括顾客、供应商、同行竞争者、替代品生产企业、互补品生产企业、融资机构及政府部门）视作创意搜索来源。顾客的需求是否正在发生变化？如果主流市场的产品/服务的主要性能维度已经足够好，那么是否有某些被忽略的性能维度还不够好？企业能否通过价值创新在由数条产业价值链构成的价值网络中增加一个新的价值创造环节，或是在原有的产业价值链上增加新的价值创造环节？在位企业、后发企业在战略定位方面有何关系？

商业创意是基于企业家对机会的洞悉、对现有模式的认知，以及对市场潜在需求的判断而产生的。企业需要对行业中的既有模式进行分析，寻找新模式存在的机会。企业家可以利用 SWOT 分析工具，对外部环境和组织现状有较清晰的了解。通过对企业内部状况和外部环境的把握，企业才能更好地发现市场中的机会和威胁，同时也能更明确企业的资源和能力是否能应对市场的需求。不管企业进行何种形式的商业模式创新，离开了其实现的保障就无从谈起，这需要企业对自身核心能力和资源有清醒的认识。基于对市场潜在需求的判断和市场定位，企业应当努力发展那些对目标顾客有价值的、关键的资源和能力，并通过创造性方法来平衡这些稀缺的资源和能力，以更好地适应市场需求。

2. 设计规划

本章已经建立商业模式创新的系统概念框架。企业通过机会识别环节，可以发现合适的、极具潜力的商业模式，并进行系统规划。Basile 和 Faraci（2015）以商业模式画布理论解析商业模式，以任务、人员、活动与管理决策构建出管理模式，认为两模式之间存在管理性动态能力，该能力在二者之间起调节作用。研究从管理实践、战略规划和运营评估角度构建出可推广的概念模型。Bucherer 等（2012）系统地研究产品创新和商业模式创新的异同，并研究了管理创新如何指导商业模式创新过程。商业模式创新将组织设计和治理纳入资源、动态能力和企业创业中来，实现组织的可持续发展。而在商业模式创新实施之前，必须强调创新性、柔性和兼容性。跨企业、跨职能部门协作是商业模式创新实施的关键。

3. 事前评估

就企业商业模式及其创新路径而言，企业家或职业经理人无疑是其最终的设计者（Zott and Amit，2009a）。企业家的创业经验在企业发展中起着至关重要的作用。设计者的主要任务是对商业模式及其创新的要素进行设计，这些要素包括企业价值活动、活动联结方式及治理结构。而一个商业模式方案是否能获得成功，Zott 和 Amit（2009b）认为取决于它是否符合 NICE 框架。为了使商业模式创新方案更易把握，本章基于 Zott 和 Amit（2009b）的研究，构造出如表 5-2 所示的商业模式创新的递阶层次结构模型，把技术创新与管理创新的耦合问题分为三层，分别是目标层、准则层和指标层。

表 5-2　商业模式创新的递阶层次结构模型

目标层 A	准则层 B	指标层 C	注释
商业模式创新问题 A	独特性标准 B_1	原创性 C_1	耦合必须有新颖性与独特性
		区隔性 C_2	企业必须设立一定的隔离机制，使耦合不易被竞争对手识别或模仿
	锁定标准 B_2	内部化能力 C_3	耦合使客户的消费具有正的外部性，进而使企业具备内部化客户的能力
		友好性 C_4	耦合的锁定不能引起顾客反感
	辅助支持标准 B_3	内部支持 C_5	耦合不仅是管理核心与技术核心的事情，还需要来自企业各部门的支持
		外部支持 C_6	耦合不是一个企业的事情，必须时刻做到与外部企业良性互动
		关联性 C_7	企业必须设计一个能够沟通内外部联系的“桥”
	效益性标准 B_4	营利性 C_8	耦合效应必须能够抵消技术创新与管理创新的成本，符合企业经营的营利性目标
		可持续性 C_9	耦合必须具有可持续性

这三层标准是相辅相成、权重各异、紧密结合的有机整体，它们构成了商业模式创新方案的多元化判别体系，具有较强的科学性、系统性和可操作性。以下为商业模式创新方案等级评判模型与算法。

假设专家组给出 m 个商业模式创新方案 $A_1,A_2,\cdots,A_m$，并给出了 n 个评价标准（$C_1,C_2,\cdots,C_n$ 为商业模式创新方案评判指标集，这里取 $n=9$）及其对应的指标权重 $\boldsymbol{w}=\left(w_1,w_2,\cdots,w_n\right)^{\mathrm{T}}$，其中，$w_i$ 表示准则 C_i 的权重。通常可以根据不同的需求建立不同的评价等级有序语言评价集 $H=\left(H_0,H_1,\cdots,H_T\right)$。根据现实情况，一般建立七级评价等级：$H=\{H_0=$很差$,H_1=$差$,H_2=$较差$,H_3=$一般$,H_4=$较好$,H_5=$好$,$

$H_6 = 很好\}$，H 为语言评价术语集，评价值用灰色语言值表示，由于评价准则值是以灰色语言集合（grey linguistic sets，GLS）形式给出的。

这里假设论域 X，语言短语集 $H = \{H_0, H_1, H_2, \cdots, H_{T-1}, H_T\}$。$\forall x \in X$，均存在一个语言值 $H_i(H_i \in H)$ 与之对应。若 x 隶属于 H_i 的程度 $\mu_{H_i}(x)$ 是 $[0,1]$ 上的灰数，其点灰度为 $v(x)$，$v(x) \in [0,1]$，则称 $A = \{x, H_i, \mu_i, v_i | x \in X\}$ 为 X 上的灰色语言集合。$\mu_{H_i}(x)$ 是隶属度，可以理解为 x 贴近于 H_i 的程度。$v(x)$ 与直觉模糊集不同，它不代表非隶属度而是表示决策者信息不完全的程度，也即灰度；尽管灰度 $v(x)$ 和隶属度 $\mu_{H_i}(x)$ 之间没有必然联系，但是一般来说，$|\mu_i + v_i - 1|$ 的值越小，信度越好。一般来说，把灰色语言集合 A 简写为 $A=\{H(x), \mu(x), v(x) | x \in X\}$。

假设由 l 个专家（如企业家、部门经理、核心技术人员、企业管理咨询顾问、消费者代表、合作方代表）组成的评判人员集，可记为

$$r = \{(H_{\sigma 1}, \mu_1, v_1), (H_{\sigma 2}, \mu_2, v_2), \cdots, (H_{\sigma l}, \mu_l, v_l)\}$$

其中，σs 表示第 s 项的 IH（下标）值，$s = 1, 2, \cdots, l$；i 代表创新方案 A_i 的序号，$i = 1, 2, \cdots, m$；j 代表创新方案评判指标 C_j 的序号，$j = 1, 2, \cdots, n$。

根据专家对各个创新方案的不同指标进行评价，得到 $\boldsymbol{R}$ 矩阵：

$$\boldsymbol{R} = \begin{bmatrix} r_{11} & r_{12} & \cdots & r_{1n} \\ r_{21} & r_{22} & \cdots & r_{2n} \\ \vdots & \vdots & & \vdots \\ r_{m1} & r_{m2} & \cdots & r_{mn} \end{bmatrix}$$

定义 5-1　$r = \{(H_{\sigma 1}, \mu_1, v_1), (H_{\sigma 2}, \mu_2, v_2), \cdots, (H_{\sigma l}, \mu_l, v_l)\}$，根据灰色语言的运算法则［式（5-1）］对数据进行集结得到 z_{ij} 进而得到 $\boldsymbol{Z}$ 矩阵。

$$z_{ij} = \left(H_{\frac{1}{l}(\sum_{k=1}^{l}\sigma_k)}, \frac{\sigma 1 \bullet \mu_1 + \sigma 2 \bullet \mu_2 + \cdots + \sigma l \bullet \mu_l}{\sum_{k-1}^{l} \sigma_k}, \max(v_1, v_2, \cdots, v_l) \right) \quad (5\text{-}1)$$

定义 5-2 设 $a_s=\{H_s,\mu_s,v_s\}$ 为任意一个灰色语言数，则称 $S(a_s)$ 为 a_s 的记分函数。

$$S(a_s)=(1-v_s)\bullet\mu_s\bullet \mathrm{IH}_s \tag{5-2}$$

定义 5-3 $S_0=(s_0(1),s_0(2),\cdots,s_0(n))$，其中，$s_0(j)=\max s_i(j)$，$1\leqslant i\leqslant m$，$1\leqslant j\leqslant n$。

定义 5-4 根据 S_0 和 $S_1,S_2,\cdots,S_m$，则得到灰色关联系数 $\zeta_i(j)$、灰色关联度 $\gamma(j)$ 与各个决策指标的权重值 $w(j)$：

$$\xi_i(j)=\frac{\min\limits_i\min\limits_j d(s_i(j)-s_0(j))+\rho\max\limits_i\max\limits_j d(s_i(j)-s_0(j))}{d(s_i(j)-s_0(j))+\rho\max\limits_i\max\limits_j d(s_i(j)-s_0(j))} \tag{5-3}$$

$$\gamma(j)=\frac{1}{m}\sum_{i=1}^{m}\xi_i(j),1\leqslant j\leqslant n \tag{5-4}$$

其中，ρ 为分辨系数，$\rho\in(0,1)$，一般取 $\rho=0.5$。

$$W(X)=(w(1),w(2),\cdots,w(n)) \tag{5-5}$$

其中，$w(j)=\dfrac{\gamma(j)}{\sum\limits_{j=1}^{n}\gamma(j)},1\leqslant j\leqslant n$。

定义 5-5 设 $S=\{s_j|j=1,2,3,\cdots,n\}$ 是灰色语言集合，$s_j=\{H_j,\mu_j,v_j\}$，且 $g(s_1,s_2,s_3,\cdots,s_n)=\sum\limits_{j=1}^{n}w_js_j$。其中，$w_i$ 为灰色语言数组 a_i 对应的权重。$w_j\in[0,1]$ 且 $\sum\limits_{j=1}^{n}w_j=1$，$g$ 为灰色语言加权平均算子（grey linguistic weighted average arthmetic，GLWAA），则

$$\begin{aligned}\mathrm{GLWAA}(S_i)&=\mathrm{GLWAA}(s_{i1},s_{i2},\cdots,s_{in})\\&=\sum_{j=1}^{n}(w_j,H_{ij},\mu_{ij},v_{ij})=\sum_{j=1}^{n}w_jS(s_{ij})\end{aligned} \tag{5-6}$$

步骤 1：将 r_{ij} 根据灰色语言的运算法则对数据进行集结得到 z_{ij} 进而得到 $\boldsymbol{Z}$ 矩阵。

$$
\boldsymbol{Z}=\begin{bmatrix} z_{11} & z_{12} & \cdots & z_{1n} \\ z_{21} & z_{22} & \cdots & z_{2n} \\ \vdots & \vdots & & \vdots \\ z_{m1} & z_{m2} & \cdots & z_{mn} \end{bmatrix}
$$

步骤 2：将 z_{ij} 根据灰色语言的运算法则对数据进行集结得到 s_{ij}，进而得到 $\boldsymbol{S}$ 矩阵。

$$
\boldsymbol{S}=\begin{bmatrix} s_{11} & s_{12} & \cdots & s_{1n} \\ s_{21} & s_{22} & \cdots & s_{2n} \\ \vdots & \vdots & & \vdots \\ s_{m1} & s_{m2} & \cdots & s_{mn} \end{bmatrix}
$$

步骤 3：将 s_{ij} 根据灰色关联公式［式（5-3）~式（5-5）］计算各个属性指标的权重 $\boldsymbol{w}=\left(w_1,w_2,\cdots,w_n\right)^{\mathrm{T}}$。

步骤 4：根据式（5-6）得到 $\mathrm{GLWAA}\left(S_i\right)$，并根据 $\mathrm{GLWAA}\left(S_i\right)$ 的大小对各个创新方案进行排序评价，显然 $\mathrm{GLWAA}\left(S_i\right)$ 值越大的创新方案越优。

4. 选择实施

在事前评估环节中，已经综合考虑了多方面的冲突因素，通过层层筛选出的商业模式理论上能够把矛盾降至最低程度。然而，商业模式创新是一种变革，不管采用何种途径进行创新，必然伴随着一定程度的振荡。新的商业模式往往会对企业的资源配置、内部流程、核心能力、价值网络提出新的要求，如业务流程的再造、组织架构的调整、能力的强化扩展等。同时，新的商业模式可能会和企业原有的文化理念、价值观产生冲突，如果不能妥善处理冲突，新模式的贯彻执行就存在很大的问题。

变革必然产生阻力，企业唯有化解阻力、突破障碍，才能变革成功。一旦决定采用新的商业模式，企业高层就应充分发挥领导力和执行力，自上而下地贯彻发展商业模式的创新活动。通过增加沟通交流，促使各方面利益相关者对商业模式创新活动达成共识，并采取有效的措施，提高他们的积极性，保障创新的成功实施。

同时，企业有必要创造适宜的组织环境，采用先进的管理方法，形成与新模式所要求的创新精神相适应的企业制度、流程、组织结构等。企业还应当建立学习型组织，重视对员工的培训，强化学习意识，发展学习能力、核心能力和动态能力，补足能力方面的短板。

总之，为确保新商业模式的顺利实施和运作，企业家、领导层、管理层和基层员工应同心协力营造创新氛围，培育新的价值理念，优化配置资源，更新落实流程，发展完善新模式所需的能力，努力构造全新的价值网络，共同推进企业商业模式创新。

5. 事后评估

事后评估用于分析企业在实施了新的商业模式以后在各方面发生的变化，是对企业实施新的商业模式的实际效果的衡量。通过事后评估，企业家及高层管理者能更清晰全面地了解新模式为企业带来的绩效和作用，及时发现新商业模式存在的弊端，有利于之后的改进发展。在事后评估方面，Dubosson-Torbay 等（2002）、Afuah 和 Tucci（2001）进行了颇有意义的尝试。Dubosson-Torbay 等（2002）采用平衡记分卡对商业模式进行评估，通过建立量化指标，从财务、顾客、流程、学习与成长等方面对商业模式进行评估。Afuah 和 Tucci（2001）认为评估商业模式可以分三个步骤：①考察商业模式目前的盈利状况，主要是评估收入和现金流；②衡量利润预测因素，主要是评估利润率、市场份额和年收入增长率；③评估商业模式的构成要素，共涉及十个部分，每个部分各有一套相对应的评价指标。

6. 改进发展

企业基于对商业模式的事后评估结果，能够更好地对症下药，有的放矢地去改进模式的欠缺之处，达到取长补短的目的。

新模式是企业创新活动的产物，不是静态的，而是不断演变和发展的。在运用各种方式发展自身商业模式的过程中，企业通过对战略定位、要素利用和收入模式的重新设计、创新和优化，构建一系列关于价值创造和获取、价值反馈和价值维护的机制，并在实践中反复检验新模式的可行性，全方位地改进完善模式，提高模式壁垒，增强模式的稳定性。对于沂蒙老区制造企业而言，经过实践检验的新模式能够强化企业的竞争优势，帮助制造企业在低端市场或新市场站稳脚跟，逐步增强与竞争对手相抗衡的实力，最终实现对在位企业竞争优势的颠覆。

5.6　本章小结：复杂系统视角下企业商业模式创新的路径

学界一般基于创新轨迹、战略规划工具、启发式逻辑、市场竞争手段来研究商业模式，在创新实施过程中遵循商业模式先设计后实施这一线性规律。但也有学者指出，对于企业战略选择而言，这一体系的作用更多地体现在为企业家提供创新思路，而不是具体的实施工具。选择、调整和/或改进业务模式是一个复杂的艺术；好的商业模式可能是高度情境化的，且设计过程可能是一个迭代的流程（Teece，2010）。甚至有学者认为，成功的商业模式创新具有或然性，不能被计划。在创新过程中，随时会有新的模式出现（Gambardella and McGahan，2010）。商业模式并非像常量那样恒定，而是变动的（Sinfield et al.，2012）。在实践中，商业模式的技术和语言合法性最初都非常有限，因此设计和实施没有明确界限，而是交替进行的；技术商业化等价值创新过程具有明显的非线性、循环往复特征；信息技术的进步可能使某企业拥有的用户数量在短期内出现爆炸性增长，也对企业商业模式的线性创新产生挑战（Lenz，2015）。管理者必须意识到这些限制，并实现组织内的适当平衡（Dmitriev et al.，2014）。商业模式设计具有自上而下的特征，但由于具体项目的原因，子公司商业模式可能与母公司的商业模式相抵触（Euchner and Ganguly，2014）。

商业模式创新并非是企业经营的必然存在，只有因果联结机制被某种或某几种初始创新活动触发或改变，商业模式创新才能顺利进行。

而这些触发或改变需要创新推手来完成。作为管理创新的一部分，商业模式创新的推手主要是由企业家来承担的。商业模式创新大致可以分为机会识别、设计规划、事前评估、选择实施、事后评估、改进发展等步骤。

第6章 “技术-管理”双核创新视角下的商业模式创新——海尔案例

6.1 引言

商业模式创新是企业内部价值活动回应外界环境变化的结果；商业模式创新与技术创新、管理创新有着密切联系（吴晓波等，2013；姚明明等，2014）。随着技术变革和用户需求的不断变化，缺乏创新理论指导、单纯专注于技术领域的技术创新容易导致企业面临创新抵制或创新失败的“两难困境”（Zott et al.，2000）。为此，若要保证技术创新不断成功，必须要有相应的管理措施与之配合。企业需要依靠管理创新对组织惯例进行根本性改变，以提高实施技术创新的组织能力（刘秀生和齐中英，2006；张首魁等，2006；苏敬勤和崔淼，2010）。只有综合考虑制度创新、技术创新与管理创新，从企业层面进行有效的全面创新管理，才是提高我国企业自主创新能力、建设创新型国家的基本出路（黄群慧和张艳丽，1997；邢军，2001；毛武兴等，2006）。总之，跳出技术看技术，更好发挥技术创新与管理创新之间的耦合效应，是破解企业技术创新难题的根本出路。

在理论研究领域，围绕技术创新与管理创新之间的耦合发展问题，学者们做出了大量卓有成效的研究。熊彼特（2009）不仅明确了技术能力在企业创新体系中的地位，提出要创建新的产业组织、重视企业家职能与企业家精神，还强调了管理创新的作用。Daft（1978）、Kimberly 和 Evanisko（1981）、Damanpour 和 Evan（1984）、Gallivan

等（2001）甚至明确提出“组织创新=管理创新+技术创新”的创新耦合框架，认为管理创新与技术创新暗含不同的决策过程，它们合起来代表了组织活动的变革。近年来，Naveh 等（2006）、Brem（2008）、Gatignon 等（2002）、陈劲和王方瑞（2005）、苏敬勤和崔淼（2010）也都尝试将二者纳入特定的理论体系下予以探讨，试图对管理创新与技术创新及其与组织绩效间的相关关系、内在机理做出分析。

已有研究将组织结构分为技术核心与管理核心，并且将技术创新与管理创新的耦合发展与组织绩效建立联结，这些为组织创新体系的重构与优化提供了很好的思路。但有必要指出，已有研究的基本逻辑往往是探索外界环境、企业组织等需要满足什么样的条件，技术创新与管理创新才会耦合，而并没有深入企业组织内部解决问题：①技术核心与管理核心应该满足什么样的条件，技术创新与管理创新的耦合才会启动？②到底有哪些因素影响了技术创新与管理创新的耦合绩效？③影响因素驱动技术创新与管理创新的内在机理又是什么？

6.2 文献回顾与命题假设

6.2.1 双元创新视角下的商业模式

商业模式创新的双元属性研究是商业模式创新分类研究的细化。March（1991）依据创新幅度，将创新分为探索式创新和利用式创新、突破式创新和渐进式创新。Osiyevskyy 和 Dewald（2015b）明确将商业模式创新分为探索式和利用式两种。Sabatier 等（2012）认为商业模式最初往往是与行业主导逻辑和价值链相适应的，但随着新技术的发展和不确定性提高，破坏性商业模式的出现，挑战主导产业逻辑和重塑价值链就成为必然。Hwang 和 Christensen（2008）研究了医疗保健行业如何基于破坏性创新理论实现技术与新商业模式的匹配。

此外，商业模式的刚性和柔性特征也被学者视为商业模式创新的双元研究范畴。例如，Cavalcante 等（2011）指出，商业模式应该具备柔性特征，如当一项新技术出现时，商业模式可以把它添加到现有流程中而不至于从根本上影响企业运作。然而，如果添加了那些显著影响现有业务流程的变化的新技术，商业模式将无法以当前形式存在。在这个意义上，商业模式仍然是刚性的，有必要重新建立新模式。因此，一个充满活力的商业模式既应具备静态性，以确保现有活动的顺利运行，同时也应体现出灵活性，以便适应环境中的变化。Ritala 和 Sainio（2014）研究发现，竞合与技术变革负相关，而与商业模式变革正相关。音乐市场最重要的就是商业模式的创建和发展（Mason and Spring，2011）。Bourreau 等（2012）指出数字化技术已经导致音乐行业中的商业模式发生了“大爆炸”，而并非仅是对现有商业模式的增量调整。

新旧商业模式是否冲突是学者研究商业模式柔性的另一视角。很多企业通过将新的商业模式加装到现有商业模式来应对外部环境变化。在现有商业模式上追加新模式的效果到底如何？为了解决这个问题，Kim 和 Min（2015）基于新旧商业模式互补和冲突建立分析框架，认为如果新模式与现有模式互补，两种商业模式显然会增加企业绩效。如果新模式与现有模式有冲突，将新模式加入企业新的部门予以实施，同样也会增加绩效。Khanagha 等（2014）同样关注新旧商业模式之间的冲突，将企业战略生成视为战略意图指导企业不断实验与学习，推动企业从增量发展和改造到完全更换现有商业模式的全过程的进行。Velu（2015）以创新程度对商业模式创新做出了界定，基于 1995~2004 年美国债券市场 129 家公司的数据，对商业模式创新程度如何影响新企业生存进行了研究。研究发现，商业模式创新程度高或低的企业，要比创新适度的公司更容易生存。

6.2.2 组织创新的双核框架

技术创新与管理创新关系的研究由来已久，早在熊彼特的创新体系中便已初露端倪。作为创新理论的提出者，熊彼特（2009）不仅将创新视为五种生产要素的"新组合"，还肯定了企业家在创新中的核心引领作用，认为企业家的职能便是引进"新组合"，以推动并最终实现创新。可以说，熊彼特的组织创新体系不仅明确了企业创新的主要内容，突出强调了技术创新的作用，其重视企业家职能与企业家精神的提法还突出了管理创新的重要作用，这为其后微观层面的创新研究指明了方向。但同时我们也应当看到，熊彼特采取"概念簇"形式提出的创新体系，纵然能够较为全面地揭示组织创新的类别与内容，但显而易见，实践中五种生产要素之间并非是相互独立的，具体到某个企业的纵向创新过程中时，这些要素间的相互关系就更为复杂。

为了更加深入地辨析创新要素间的内在关系，熊彼特之后的学者倾向于选择不同维度进行探讨，从而使创新理论呈现出纷繁复杂的研究态势。例如，Rostow（1960）、Scherer（1984）将关注点集中于产业发展等宏观层面，主要探讨技术创新与行业垄断、企业规模、产业制度设计等的关系（张成和朱淑颖，2009）。显而易见，组织不仅可以通过使用新技术来应对外界环境变化，还可以通过整合技术与管理创新来提升组织绩效（Damanpour and Evan，1984）。因此，到 20 世纪 70 年代末 80 年代初，为了更好地管理及促进企业的持续发展，创新领域的研究逐步由技术创新转向管理创新层面，开始重视微观层面的创新过程、服务创新和战略创新等领域（Birkinshaw et al.，2008），"组织创新=管理创新+技术创新"的创新耦合框架得以提出，这样就使创新理论研究重新回归到技术创新与管理创新并重的起点上来。据此，本章提出：

命题 6-1：组织创新有且只有两大部分，分别是技术创新与管理创新。

6.2.3 技术创新与管理创新的异质性

从创新来源与构成内容来看，技术创新与管理创新存在明显的异质性。技术创新来源于组织的技术系统，首先与技术要素的使用有关，其结果是组织生产或设计出新的产品，体现为产品创新及工艺创新（黄群慧和张艳丽，1997）。而管理创新则发生在组织的社会系统中，主要包括组织结构与员工管理方式的各项创新，如存在于员工之间及员工与外部环境之间的新规则、互动过程、结构等的形成，以及它们在员工招聘、资源调配、任务指派、权威赋予、报酬分配等过程中的具体应用（Knight，1967；Damanpour and Evan，1984；Gallivan，2001）。

创新方式与路径也是学者们研究技术创新与管理创新异质性的重要维度。技术创新是产品制造或服务提供过程中技术创意的生成与应用，管理创新同样也表现为管理创意的产生、认同与执行问题。研究表明，尽管技术创新与管理创新从本质上可以被视为过程创新，但创新路径并不相同（Aiken et al.，1980；Mezias，1990；Birkinshaw et al.，2008）。就层级组织而言，从事核心技术研究工作的组织内的技术专家，具有创新实施的专业知识，了解什么样的创意适合组织现有的技术，因此，与产品、服务、过程有关的技术创新多来自于组织的底层，从下往上流动。而高层的管理者更加注重管理问题，愿意采取解决管理问题的一些新举措。此外，董事会成员也经常提一些管理的建议。总体来说，管理创新多始于组织的高层，由上向下执行（刘秀生和齐中英，2006）。

综上，技术创新与管理创新的异质性特征总结如表 6-1 所示。

表 6-1 企业技术创新与管理创新的异质性比较

<table>
<tr><th colspan="2">比较项</th><th>技术创新</th><th>管理创新</th></tr>
<tr><td colspan="2">创新来源</td><td>组织的技术系统</td><td>组织的管理系统</td></tr>
<tr><td rowspan="2">要素构成</td><td>静态要素/创新形式</td><td>产品创新、工艺创新</td><td>员工管理方式、组织结构、管理制度、组织文化等领域的变革</td></tr>
<tr><td>动态要素/创新过程</td><td>技术创意的生成、认同与应用</td><td>管理创意的生成、认同与应用</td></tr>
<tr><td colspan="2">创新路径（层级组织）</td><td>自下而上</td><td>自上而下</td></tr>
</table>

综上，本章提出：

命题 6-2：技术创新与管理创新在创新来源、要素构成、创新路径方面存在明显的异质性。具体来说：

命题 6-2a：技术创新来源于组织的技术系统，管理创新来源于组织的管理系统。

命题 6-2b：技术创新在静态要素方面表现为产品创新与工艺创新，而管理创新则表现为员工管理方式、组织结构、管理制度及组织文化等领域的变革。

命题 6-2c：作为创新的不同表现形式，技术创新与管理创新在过程中都表现为创意的生成、认同与应用。

命题 6-2d：就层级组织而言，技术创新的路径自下而上，而管理创新则相反，是自上而下。

6.2.4 技术创新与管理创新的关系及其对组织绩效的影响

技术核心与管理核心的异质性并不意味着技术创新与管理创新的相互隔离，恰恰相反，二者紧密相连、互相影响，其耦合程度与组织外界环境、组织成员专业化程度及组织属性密切相关。Aiken等（1980）的研究发现，复杂环境会促使组织内部专业技术人员提出创新建议，但组织结构过于复杂就不利于管理创新的推进，进而会影响组织内部成员的合作并最终影响创新绩效。Daft（1978）研究了学校组织中技术创新与管理创新的耦合情况。如果教师的专业化程度比较高，则技术核心与管理核心松散耦合；如果教师专业化程度比较低，则管理创新占据主导地位，与技术创新呈现紧密耦合态势。

20 世纪八九十年代，随着市场环境日益表现出顾客导向、竞争激烈、变革迅速等“3C”（customer，顾客；competitor，竞争者；change，变革）特征，企业内部职能部门之间、企业与外部环境之间的边界日益模糊，层级组织的弊端日益凸显。在这种情况下，企业必须依靠管理创新对组织惯例进行根本性改变，以主导企业的技术创新活动（Lei et al.，1999；苏敬勤和崔淼，2010）。Lei 等（1999）意识到层级组织的功能与分区壁垒会抑制部门合作、资源共享与内部竞争，单纯压缩领导层规模，以及从一般意义上改变组织的外部形态已经不能解决问题，企业必须依靠管理创新推动组织内部形态变化，通过培育一种新型文化，强调知识共享、开放合作、团队建设与系统思考。Gallivan（2001）构建了技术创新与组织吸收的整合框架，指出创新依次经过创意的生成、采用、调试、接受、惯例化与推行等六阶段。Naveh等（2006）基于组织学习视角研究了管理创新与组织绩效的关系，认为“使用中适应”与“变革催化”是存在于二者间的内在机制，过多或者过少的管理创新对组织绩效都是无益的，会进一步禁锢个体的创新动力，从而影响技术创新。显而易见，上述研究中的管理创新作为技术创新推动组织绩效生成的中介变量而存在。

基于某种理论将技术创新与管理创新整合成一个新的框架，是近年来双核创新研究的新特点，而这正为本章研究提供了很好的借鉴。Brem（2008）将市场拉动与技术推动整合在一起，构建出战略性技术与创新管理框架，认为营销管理与技术创新的耦合不仅会推进创意的生成、采用与推行，还有利于创意的储存及修正，从而能够显著增强组织的创新绩效。苏敬勤和崔淼（2010）基于适配理论，从成本、知识整合和创新文化三个维度分析了后发企业核心技术创新与管理创新之间的静态、动态适配演化关系。陈劲和王方瑞（2005）、刘秀生和齐中英（2006）、欧阳桃花等（欧阳桃花，2007；欧阳桃花和周云杰，2008；欧阳桃花和蔚剑枫 2011）、苏敬勤等（苏敬勤和崔淼，2010；苏敬勤和刘静，2012）也取得了一些极具启发性的研究成果。

据此，本章提出：

命题 6-3a：技术创新与管理创新的耦合程度和组织外界环境、组织成员专业化程度及组织属性有关。

命题 6-3b：复杂动态环境下，管理创新在技术创新推动组织绩效生成过程中起中介作用。

命题 6-3c：技术创新与管理创新耦合存在更为复杂的内部机理，共同推动着组织绩效的生成。

6.3 研究设计

6.3.1 研究问题框定与研究方法选择

由于 Daft、Damanpour 发展的跨组织研究忽视创新本质及层次，其采用的定量研究方法只能泛泛探讨二者之间的因果或相关关系，而无法对二者耦合的内在机理等相关问题进行研究（Aiken et al., 1980）；而以 Naveh 等（2006）、Brem（2008）为代表的学者对耦合机理的研究还处于组织学习、动态能力等视角下的理论构建阶段，大多集中于组织创新、动态能力与创新绩效之间的一般因果性、解释性研究方面，而缺乏对耦合机理的探索。就国内研究而言，苏敬勤及其团队不仅针对管理创新做出综述性研究，还对管理创新的影响因素与生成机理等问题做出开拓性研究，为本章的研究提供了很好的借鉴（苏敬勤和林海芬, 2010; 苏敬勤和崔淼, 2011; 苏敬勤等, 2011; 李召敏等, 2012）。

结合现实问题思考及文献研究结果，本章着眼于企业技术创新与管理创新的耦合机理问题，将研究问题框定如下：①就某一企业而言，究竟是什么背景、哪些原因促使企业要考虑技术创新与管理创新的耦合发展。②由于市场需求及技术变革的影响，技术核心与管理核心的耦合发展能够促进创意更加高效地生成、认同与应用。本章的研究要揭示的是，在该过程中，到底有哪些因素影响了技术创新与管理创新的耦合绩效，它们又是如何作用于耦合过程的。

对于回答“为什么”“怎么样”的问题，案例研究才是首选的研究方法。当然，与多案例研究方法相比，为了更加深入地进行案例调研和分析，把“怎么样”说清楚，单案例研究方法显然更具优势（李飞等，2010）。

6.3.2 案例企业选择

海尔集团的管理创新一直受到各界关注。2008 年全球金融危机发生后，海尔集团的国际市场运营面临严峻挑战，在这种情况下，为进一步向创新要效益,海尔于 2009 年上半年对其组织结构进行颠覆性创新，“倒逼”体系应运而生。有必要指出，尽管邯郸钢铁集团有限责任公司“模拟市场核算，实行成本否决”也带有成本“倒逼”的思想，但将“倒逼”机制贯穿于管理创新领域，并且成功地用于指导企业的整体运营，海尔却是第一家。因此，海尔的“倒逼”体系在管理创新方面具有极端典型性，是理想的案例研究对象，具有独特的研究价值。

6.3.3 数据来源

自 2009 年 12 月起笔者开始搜集整理海尔“倒逼”体系的二手资料，自 2010 年 5 月起开始追踪海尔“倒逼”体系的运营情况，并先后 3 次赴海尔进行实地调研，已经建立起完善的海尔“倒逼”体系运营信息库。收集方法、数据来源及主要内容见表 6-2。

表 6-2 数据来源一览表

收集方法	数据来源	主要内容
二手资料	公共文献	主要搜集“倒逼”体系相关背景资料，内容涉及国际金融危机对海尔管理创新的影响，海尔管理创新的沿革及“倒逼”体系的提出与内容，外界对海尔管理创新及“倒逼”体系的评价，“倒逼”体系提出后海尔与其他企业的合作变动情况。持续时间为 2 个月，资料截至 2011 年 2 月 1 日
	内部资料	搜集整理海尔内部存档资料中“倒逼”体系相关资料；整理海尔发行的内部刊物中“倒逼”体系相关案例报道、理论宣讲等资料。包括《海尔人》2009 年、2010 年、2011 年三年的资料。时间持续 1 个月
实地观察	非结构式、半结构式观察	按照 Bonoma（1985）的“漂移”原则，以“倒逼”体系运作为核心，对海尔集团冰箱事业部的运作展开观察，与员工进行非正式讨论，以了解“倒逼”体系在海尔集团中的提出、运作与绩效考核等问题。持续时间为 1 周
深度访谈	领导层访谈	与海尔集团冰箱事业部部门企划经理、型号经理、产品经理，海尔鲁南片区销售负责人进行访谈，共访谈 2 次，每次 2 小时左右

续表

收集方法	数据来源	主要内容
深度访谈	基层员工访谈	通过与海尔黄岛冰箱中一事业部员工的访谈，调查“倒逼”体系实施后的产品设计、生产与销售流程的变化，了解员工对“倒逼”体系实施的切身感受。访谈时间持续 1 周
其他方式	外围讨论	课题组成员之一在海尔集团接受了为期 10 天的海尔大学培训，其间就“倒逼”体系内容与同期学员展开讨论，以弥补以上资料搜集方式的不足

6.4 案例描述

6.4.1 “倒逼”体系的实施背景与主要内容

1998 年 9 月，海尔以订单信息流为中心对其组织结构进行“革命”，即第一次业务流程再造。再造后的海尔旗下包含洗衣机事业部、冰箱事业部、电视机事业部、空调事业部、电脑事业部等，每个事业部均有研发、生产、销售、宣传等部门。2007 年 4 月，为加快海尔的国际化进程，更好地与跨国公司在国际市场上竞争，海尔第二次提出流程再造。海尔计划“用 1 000 天实现流程系统创新，完成 2 000 到 2 500 个流程的构建”。受到 2008 年全球金融危机的影响，海尔的国际市场运营面临严峻挑战，“倒逼”体系应运而生。

海尔“倒逼”体系的基本内容如下：以市场终端人员为切入点，建立一线经理所创造的客户价值“倒逼”内部承诺体系的自主经营体机制，即以客户为中心，一线员工直接面向客户开展自主运营，如该运营能力不能适配客户需求，则“倒逼”企业体系中的其他资源提供支持。

6.4.2 “倒逼”体系的运作过程

“倒逼”体系运行首先表现为海尔组织结构的变化。在传统的金字塔结构体系下，员工在最下方，直接面对客户。而“倒逼”体系首先改变了这种结构，将其变成“倒三角”结构，让客户在顶端，一线经理、员工直面客户，而原来在最高端的领导则降到最下端，从发号施令者变成提供资源者。海尔赋予这一新组织结构以全新称谓：自主经营体。当然，海尔并非是在企业（集团）整体层面进行这一组织变革，而是在原有战略业务单位（strategic business unit，SBU）基础上，将整个集团分解为 2 000 多个自主经营体。

其次，“倒逼”体系的建立还意味着组织中的信息流向与决策机制发生改变。传统科层组织结构转变为“倒三角”的顺利完成，对处于“倒三角”尖端的领导提出了更高的要求——要更多地关注企业新机会，更快地推进企业创新。而对于一线员工来讲，由于“倒逼”体系的作用，他们总是在生产过程中主动发现问题，并找到班组长向管理人员要资源一起创新解决。由此，海尔打破了营销、研发、制造等部门的界限，各部门之间、技术核心与管理核心之间不再表现出明显的模块化特征。

6.4.3　“倒逼”体系实施的影响

无论是在观念的转变、能力素质的要求方面，还是在目标、战略、流程设定方面，“倒逼”体系都提出了比以前更高的要求，这些要求使得“倒逼”经营体中的每一个人去思考质量、成本、交货期的问题，从精细化管理、标准化推进、节能提效、清单生产等众多角度更好地完成事业部各项目标任务。

可以看出，“倒逼”体系首先意味着海尔组织架构的变革，其次还涉及业务流程、企业文化与经营体制的变化，这与前文界定的管理创新概念完全符合。此外，“倒逼”体系改变了海尔的产品研发、生产制造的流程及运营效益，属于技术创新范畴。从这个意义上讲，“倒逼”体系兼具技术创新与管理创新的双重属性。

6.5 案例分析及主要发现

6.5.1 “倒逼”体系提出：创新耦合的演进历程考察

创新是海尔持续发展的不竭动力。自 1984 年成立至今，海尔先后经历了四个战略发展阶段，分别是名牌战略阶段（1984~1991 年）、多元化战略阶段（1992~1998 年）、国际化战略阶段（1999~2005 年）及全球化品牌战略阶段（2006 年至今）。表 6-3 将海尔不同时期的发展阶段、战略目标与策略体系相匹配，对海尔的技术创新与管理创新内容及其演进做出梳理。

表 6-3 海尔集团技术创新与管理创新的耦合发展历程

时间	发展阶段	战略目标	策略体系	
			技术创新	管理创新
1984~1991 年	名牌战略阶段	产品质量与品牌	引进德国冰箱技术并消化吸收，模仿创新	TQM 日清日高管理 6S 大脚印 ISO9001 认证
1992~1998 年	多元化战略阶段	多品种、规模与成本	集成创新：二次创新，合作创新，移植创新	OEC 管理 责任链 自主管理班组 强制性管理到自主管理
1999~2005 年	国际化战略阶段	“走出去”，国际化，速度经济	集成创新与自主创新：立足中国，整合全球创新资源为己所用	SST 市场链
2006 年起至今	全球化品牌战略阶段	整合全球资源，打造全球化品牌	自主创新：整合全球资源，依靠本地网络开展技术创新	“倒逼”体系（自主经营体，“人单合一双赢”管理模式，“倒三角”组织结构……）

注：TQM：total quality management，全面质量管理；OEC：overall every control and clear，全方位优化管理法；SST：索酬、索赔和跳闸

“第一台引进，第二台国产，第三台出口，第四台当地生产”是

海尔技术创新的形象写照。自创立之日起至今，海尔先后历经了技术引进、模仿创新、集成创新与自主创新四个阶段（许庆瑞，2007）。在名牌战略阶段，技术引进与模仿是海尔的主要任务。多元化战略阶段，二次创新、合作创新与移植创新是其主要方式。国际化战略阶段，立足中国、面向世界的集成创新占据技术创新的主导地位。正如海尔所强调的，不在于你拥有多少资源，而在于你控制多少资源。而到了全球化品牌战略阶段，整合全球资源、依靠本地网络生产销售适销对路的产品又成为技术创新的主要特点。在这一阶段，组织的主要任务是为技术创新提供平台资源，也正是因为有了"倒逼"体系的保障，海尔的"并行开发模式""分布式创新"才能够成功推行。

与技术创新相比，管理创新与海尔战略发展阶段更为契合：①品牌战略阶段。在企业创立伊始，海尔就极为重视产品质量与品牌培育，严格遵循 TQM 进行产品管理。该阶段的管理创新在本质上属于产品创新范畴。②多元化战略阶段。随着产品从单一的冰箱扩展到多个家电，海尔逐渐从白色家电进入黑色家电领域。为更大限度地获取规模经济及范围经济，同时保障产品质量及品牌信誉，自 1992 年起，海尔开始将管理创新领域由"产品"本身转为产品的提供"过程"上，总结出企业过程创新意义上的 OEC 管理模式。③国际化战略阶段。随着海尔国际化进程的加快，追求快速响应顾客需求的速度经济，海尔于 1998 年开始对其业务流程进行再造创新，提出 SST 市场链的管理思想。与 OEC 管理模式重视过程创新中的基础管理层次不同，SST 思想则对员工在生产经营中的积极性做出进一步强化，并且将价值创造单位由部门进一步细化到每位员工，将海尔的管理创新推向机制变革层次。④全球化品牌战略阶段。如前文所述，"倒逼"体系的提出是海尔业务流程再造的进一步延伸，不仅重视基层员工在技术创新方面的积极性与主动性,还要求整个组织都要作为员工技术创新的平台，"倒逼"体系应运而生。

对照海尔各个发展阶段，不难发现，技术创新与管理创新二者的耦合程度及方式各有不同。在海尔的名牌战略阶段，为确保引进创新与模仿创新获得成功，TQM 等标准作业体系不可或缺，这反映出管理核心相对技术核心处于绝对主导地位，因此，管理创新与技术创新呈现紧密耦合的态势。随着技术创新形式向集成创新、自主创新转变，作业部门在创意生成、技术使用过程中的作用越来越重要，而管理模式则逐渐由 OEC 向 SST 过渡，管理创新的主要任务逐渐由直接干预企业作业流程转为仅仅在战略层次上予以指导（许庆瑞，2007）。而“倒逼”体系的提出与应用，使一线员工能够“倒逼”整个企业管理体系为其提供平台支持，这无疑意味着技术核心在企业运作中已经占据绝对主导地位。总结起来，如图 6-1 所示，随着各发展阶段海尔战略目标的不断达成及转变，技术创新与管理创新的耦合呈现“倒 U”形规律。具体来说，耦合关系在企业初创时较为紧密，而后逐渐由紧密向松散过渡，最终“倒逼”体系的提出与应用又重新意味着两大创新的再一次紧密耦合。而且，虽然两大创新在第一与第四阶段都表现出紧密耦合的特征，但耦合方式却并不相同。在企业发展的初始阶段，管理创新主导技术创新，而“倒逼”体系则恰恰相反，技术创新处在企业竞争的最前沿，管理创新已经成为提供资源的平台。

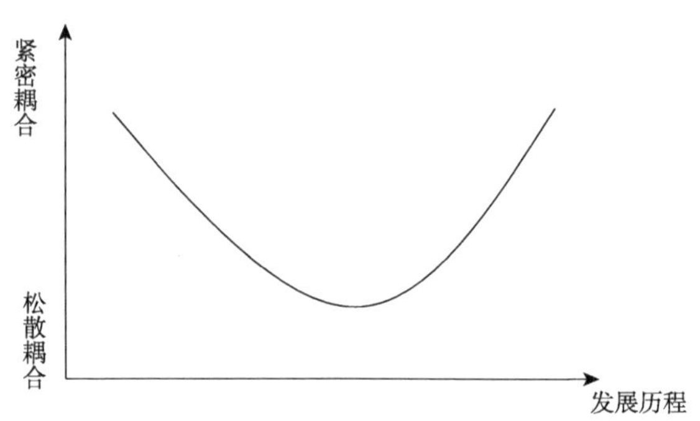

图 6-1　海尔技术创新与管理创新的耦合及其演变

综上，针对海尔技术创新与管理创新耦合的演进历程考察，技术创新与管理创新涵盖了海尔创新的所有内容，命题 6-1 得到验证。另外，案例发现还拓展、修正了命题 6-3a，即技术创新与管理创新的耦合程度不仅与组织外界环境、组织成员专业化程度及组织属性有关，而且与企业所处生命周期阶段、企业实力及企业战略目标密不可分。

6.5.2 “倒逼”机制主导下前端创新与管理创新的耦合

前端创新是决定产品研发成败的关键环节，是企业技术创新过程的重中之重。Sandmeier 等（2004）研究指出，市场需求与机会、产品创意、样品与商业计划等的分析与描述是前端创新的主要任务，而完成这些任务，时时刻刻都要受到来自顾客、供应商与产品本身信息的影响。如何处理这些信息并基于这些信息做出相应技术决策，已经属于理性视角下的管理创新范畴。Brem（2008）在 Sandmeier 等（2004）的研究基础上，将技术创新与管理创新视为前端创新中不可分割的两个方面，认为作为前端创新的核心任务，管理创新的运行本身就与来自市场、技术等领域的“经验性知识”的运用密不可分。

海尔“倒逼”体系的运行印证了上述研究结论。海尔曾经为中东地区开发一次性能洗 12 件袍子的超大洗衣机，图 6-2 显示了该产品的前端创新流程。本章以此为例，详细分析“倒逼”体系作用下前端创新与管理创新的耦合机理。

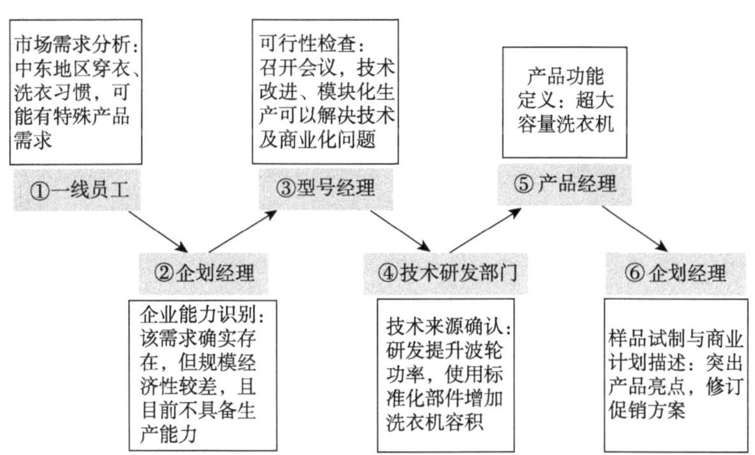

图 6-2 “倒逼”体系作用下的海尔集团的前端创新示例

详细分析如下：①位于中东市场上的一线员工发现中东地区居民多穿长袍，由于水源问题，洗衣频率较低，因此居民可能在洗衣机容量方面存在特殊需求。②该信息传递给企划经理，企划经理对生产可能性尤其是生产成本进行分析，发现超大容量洗衣机需求确实存在，但目前企业尚不具备生产能力，现有生产线规模经济性较差。③信息传递给型号经理，型号经理召开会议，认为生产该洗衣机最大的技术问题在于波轮功率与洗衣机容积，通过技术改进、模块化生产可以解决技术及商业化问题，于是将其提交到技术研发部门。④技术研发部门的解决方法是，通过技术研发提升波轮功率，使用标准化部件增加洗衣机容积。⑤在技术部门技术解决与确认后，产品经理做好产品功能定义。⑥交由企划经理，企划经理负责制订新的促销方案，突出产品亮点。

该产品开发案例先后涉及一线员工、企划经理、型号经理、技术研发部门、产品经理、企划经理。可以看出，在管理创新与技术创新的耦合作用下，海尔不仅能够感知到中东市场的特殊洗衣需求，还具备针对该需求迅速推出大容量洗衣机这一产品的能力。而其间经过了市场需求分析、企业能力识别、可行性检查、技术来源确认、产品功能定义、样品试制与商业计划描述等六大步骤，这六大步骤与技术及管理创意的生成、认同与应用是完全匹配的，因此命题 6-2c 得到验证。

可以这样认为，在“倒逼”机制主导下，前端创新各单位之间在工序流程、信息沟通、文化共享、利益分配等方面紧密互动，它们已经融合为一个界面（欧阳桃花和蔚剑枫，2011）。因此技术创新与管理创新在过程上相互缠绕，其构成要素也已经很难单独析出，而且在前端创新中是同步完成的。也就是说，管理核心可以引导技术创新，同样技术核心也承担管理创新活动，因此技术创新、管理创新与技术核心、管理核心并不是一一对应的，命题 6-2a 需要修正；同样，创新的静态要素虽然没有变化，但其归属已经非常模糊，因此命题 6-2b 需要修正。此外，静态要素归属尽管模糊，但要素在前端创新中得到充分“共用”却是不能否认的事实，而同步与共用效果恰恰是协同耦合视角下价值生成的主要机理（邱国栋和白景坤，2007）。

6.5.3 “人单合一双赢”管理模式、激励相容与创新耦合

“人单合一双赢”管理模式是“倒逼”体系得以有效运作的基础。“人”，就是指自主经营体内的所有员工，而“单”不是简单狭义上的市场订单，而是市场目标，而且是第一竞争力的目标。在为用户创造价值的前提下，员工和企业的价值都得以实现，即实现了人单合一的“双赢”目标。换而言之，该管理创新举措使每位员工都有自己的市场目标，员工有权根据市场需求特征自主决策、不断创新产品，进而与企业、自主经营体分享额外价值。在人单合一制度下，员工只要“缴足企业利润，挣够市场费用，超利即可分成”。显而易见，人单合一只是“人单合一双赢”管理模式的基础，该模式实际上还包括了“单酬合一”“人酬合一”。人、单、酬之间是互动的、协同的（戴天婧等，2012）。

“人单合一双赢”管理模式使员工个人、自主经营体与企业之间产生了激励相容的效果，“激励相容”的成本收益逻辑与利润分配方案可以推动这些员工给用户创造价值，也可以从这个价值中得到新的价值。正是在这个意义上，海尔提出的“使每个人都成为自己的CEO”才能最终落地。除此之外，“人单合一双赢”管理模式还带来另外两个颠覆性的变化：一是使企业的组织结构从“正三角”变为“倒三角”；二是使海尔的核算体系由传统的财务报表转变为海尔的“三张表”，即损益表、日清表与人单酬表。损益表反映当前工作的价值与不足，“损”是传统财务报表中收入项与通过个人及自主经营体平台的努力为用户创造的价值即“益”的差。而日清表则是为减小这种差距而每天都要进行的质量改进。“三张表”以员工为中心，即以人单合一机制激发员工的创新力，让员工创造用户价值，创造市场资源，达到用户、企业、员工的共赢。

从以上分析可以看出，海尔“倒逼”体系是一个包含管理创新与技术创新在内的、相互缠绕的复杂体系，而且管理创新内部与技术创新内部均存在着复杂的因果关系。就管理创新而言，“人单合一双赢”管理模式是海尔对其内部流程进行创新设计的结果，而该模式促进了

“倒三角”组织结构的生成及财务系统变革等辅助性管理创新。当然，“人单合一双赢”管理模式本身也是自主经营体有效运作的主导逻辑。海尔的技术、管理创新正是发生在员工个体、自主经营体及组织三大层面（表 6-4），该发现与苏敬勤和崔淼（2011）、辛冲（2010）的发现类似。而就技术创新而言，“人单合一双赢”管理模式首先造就了新产品研发与需求满足的“速度经济”，在当前市场环境瞬息万变的情况下，如果等到市场变化反馈回来再做层次决策将很可能会丧失商机。而“人单合一双赢”管理模式充分保障了员工与自主经营体的市场选择自主权，因而适应了信息化时代具有“3C”特征的市场环境。总体来看，在管理创新的主导与中介作用下，构成技术创新系统的各个部分构成了典型的模块化式技术开发组织,在技术创意的生成、认同与实施方面有着更高的运作效率，这在前文前端创新的研究中同样可以获得证明。据此，命题 6-3b、命题 6-3c 得到验证。此外，“人单合一双赢”管理模式下，自主经营体呈现出典型的倒三角、模块化等非层级组织的特征，管理创新与技术创新的路径并非简单的自上而下或自下而上，而是呈现出强烈的循环往复、跳跃及全方位性等特征。命题 6-2d 需要进一步修正。

表 6-4　“人单合一双赢”管理模式下技术创新与管理创新的基本结构

创新层面	涉及主体	主要内容
个体决策层面	一线经理	需求调研、创意生成等
个体—组织过渡层面	自主经营体	基于组织学习的创意认同与执行，以及提供创新所需平台资源，如组织结构设计、流程创新、财务系统变革
组织层面	海尔	企业家精神、制度设计、企业文化

6.5.4　商业模式创新是技术创新与管理创新协同耦合的触发力量与终极目标

“倒逼”体系首先是海尔对其商业模式进行重新设计的结果。2007 年 4 月，海尔提出“从传统的生产制造商向全局永久服务性企业转换”的战略目标。战略目标重定是引发管理创新的典型的外源性因素，同时也是商业模式创新的重要组成部分。正是在该战略目标指导下，海尔才相继做出“倒金字塔”组织结构、“人单合一双赢”管理模式、自主经营体等一系列管理创新举措，“倒逼”体系才得以正式形成。

值得强调的是，海尔建立“倒逼”体系的终极目标是商业模式的转型，即由大规模生产向大规模定制的零库存下的即需即供转型。具体来说，海尔通过关注终端经理人员对客户需求的精确把握，强化对市场需求的准确预测，提升反应速度，通过周单模式，全流程改善订单体系，达到了制造上的即需即制、营销上的现款现货、物流上的即需即送，实现与客户的零距离，最终实现由大规模生产向大规模定制的零库存下的即需即供转型。

据此，命题 6-3b 得到进一步验证。

6.5.5 从“逼迫”到“自觉”：组织文化是技术创新与管理创新耦合发展的基本保障

技术创新是推动海尔跨越式发展的关键因素，而技术创新首先是文化与观念创新（张瑞敏，1999）。“倒逼”体系是组织架构、管理控制系统等的全方位再造，而再造首先是“人的再造”，只有人的观念转变了，再造才能成为可能。在“倒逼”体系中，尽管极其强调一线员工在“单”上的自主权，但这并不意味着对管理人员等平台资源的否定。恰恰相反，在自主经营体中，管理人员依旧是关键的少数，其能力和素质仍然起到了重要的决定作用。作为资源的提供者，管理人员的服务水平甚至决定了一线员工的客户服务水平。

同样，在自主经营体中，对于一线员工的充分“赋权”及高层经理从决策制定者到资源提供者身份的转变则体现了管理人员对员工的高度信任。也正是基于这种信任，“倒逼”体系中蕴含的利润分享机制、信息传递机制的作用才能得以切实体现（戴天婧等，2012）。在模块化组织中，如果管理界面提供的游戏规则本身不被技术模块充分信任，或者如果技术模块的创新成果存在弄虚作假现象，青木昌彦意义上的"联赛"则无法进行。

真诚、信任，以及海尔无时不有、无处不在的创新文化，是海尔"倒逼"体系的形成前提，共同构成了海尔技术创新与管理创新耦合发展的基石。而已有文献及命题恰恰较少涉及组织文化对双核创新耦合的影响作用。

6.6 本章小结：企业技术创新与管理创新耦合机理的整合框架

本章以海尔"倒逼"体系的提出与运作过程为案例，对企业技术创新与管理创新耦合发展的内在机理进行了探索性研究，主要研究发现如表 6-5 所示。

表 6-5 本章研究命题及其验证或修正、案例证据对应表

命题	验证或修正	案例证据
命题 6-1：组织创新有且只有两大部分，分别是技术创新与管理创新	得到验证	基于创新耦合演进历程对"倒逼"体系提出的考察
命题 6-2a：技术创新来源于组织的技术系统，管理创新来源于组织的管理系统	修正为：技术创新与管理创新在过程上相互缠绕，其构成要素也已经很难单独析出，技术核心产生技术创新、管理核心产生管理创新不再成立	海尔前端创新与技术创新的耦合过程
命题 6-2b：技术创新在静态要素方面表现为产品创新与工艺创新，而管理创新则表现为员工管理方式、组织结构、管理制度及组织文化等领域的变革	修正为：技术与管理创新的静态要素在内容上虽然没有变化，但其归属已经非常模糊	海尔前端创新与技术创新的耦合过程

续表

命题	验证或修正	案例证据
命题 6-2c：作为创新的不同表现形式，技术创新与管理创新在过程中都表现为创意的生成、认同与应用	得到验证	海尔前端创新过程依次为市场需求分析、企业能力识别、可行性检查、技术来源确认、产品功能定义、样品试制与商业计划描述等六大步骤，这与技术及管理创意的生成、认同与应用具有同一性
命题 6-2d：就层级组织而言，技术创新的路径自下而上，而管理创新则相反，是自上而下	修正为：复杂动态环境下，管理创新与技术创新的路径并非简单的自上而下或自下而上，而是呈现出强烈的循环往复、跳跃及全方位性等特征	“人单合一双赢”管理模式的运用
命题 6-3a：技术创新与管理创新的耦合程度与组织外界环境、组织成员专业化程度及组织属性有关	修正为：技术创新与管理创新的耦合程度不仅与组织外界环境、组织成员专业化程度及组织属性有关，而且与企业所处生命周期阶段、企业实力及企业战略目标密不可分	基于双核创新耦合演进历程对“倒逼”体系提出的考察
命题 6-3b：复杂动态环境下，管理创新在技术创新推动组织绩效生成过程中起中介作用	得到验证	海尔前端创新与技术创新的耦合过程“人单合一双赢”管理模式的运用。“从传统的生产制造商向全局永久服务性企业转换”的战略目标的提出。商业模式创新，即由大规模生产向大规模定制的零库存下的即需即供转型
命题 6-3c：技术创新与管理创新耦合存在更为复杂的内部机理，共同推动着组织绩效的生成	得到验证	“人单合一双赢”管理模式的运用

从表 6-5 中可以看出，海尔“倒逼”体系是典型的企业技术创新与管理创新的耦合体，该体系是海尔创新体系发展到一定阶段的产物。对海尔前端创新的过程研究表明，技术创新与管理创新在过程上相互缠绕，其构成要素也已经很难单独析出。在海尔“倒逼”体系中，“人

单合一双赢”管理模式、自主经营体加之由此带来的“倒三角”与模块化的组织结构，以及海尔独具特色的企业文化，都是深刻影响该体系有效运作的内部环境因素，而外界环境的动态复杂性也对创新耦合绩效产生重要影响。值得强调的是，尽管本章研究强调耦合是技术创新与管理创新二者之间的互动、协同与促进，但就海尔案例来看，耦合首先是企业对其企业战略目标主观设计后带来的系统结果。或者说，正是战略目标的重新定位启动了企业发展某一阶段技术创新与管理创新的耦合进程。本章还发现，商业模式创新是企业技术创新与管理创新耦合发展的必然结果。据此，本章构建出企业技术创新与管理创新耦合机理的整合框架，如图 6-3 所示。

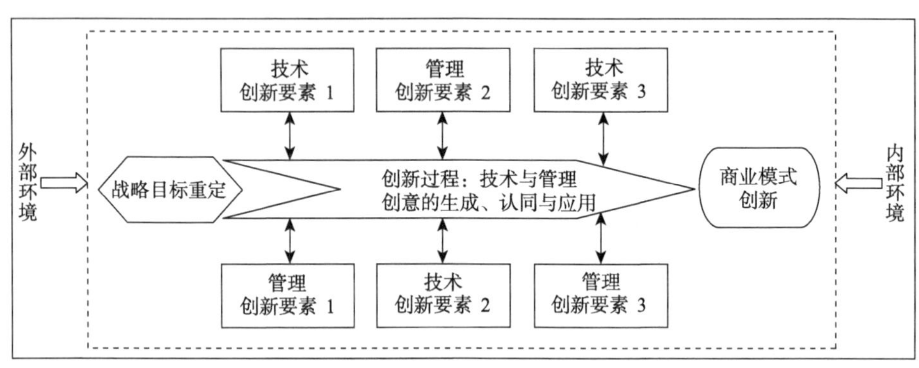

图 6-3　企业技术创新与管理创新耦合机理的整合框架

本章的研究还具有以下研究意义。首先，本章揭示出技术创新和管理创新耦合与战略目标、商业模式创新及企业内外部环境的关系，将管理创新置于与技术创新同等重要的位置，有效化解了技术创新的两难困境，为企业创新提供了新的思路。其次，由于技术创新与管理创新的耦合关系，企业在具体创新实践过程中不必纠结于创新属类、创新过程等问题的区分——企业技术创新与管理创新本就是相互缠绕、共生共存的。举例而言，企业对管理创新的重视不仅为管理创新本身提供了重要机会，同样能够为技术发展指明创新取向与路径，使企业获得“跳出技术看技术”的效果。这就在一定程度上简化了企业创新的程序，降低了企业对创新的恐惧感。最后，尽管企业创新系统内部的耦合关系具有一般性、客观性，但就海尔“倒逼”体系而言，无论是新的战略目标、“人单合一”绩效分配制度、自主经营体、“倒三角”组织架构，还是保障创新耦合的企业文化等，都具有浓厚的主观设计属性。该发现为其他企业创新领域的自主设计提供了理论依据与创新蓝本。

第 7 章　系统动力作用下商业模式创新的路径选择——后发地区三家制造企业弯道超车的案例研究

7.1　引言

党和国家历来关注沂蒙老区的经济社会建设。2011 年，国务院办公厅下发《关于山东沂蒙革命老区参照执行中部地区有关政策的通知》。同年，中共中央、国务院印发《中国农村扶贫开发纲要（2011—2020 年）》，提出加大对革命老区、民族地区、边疆地区扶持力度。《山东省国民经济和社会发展第十二个五年规划纲要》也提出，加快建设鲁南经济带。以鲁南临港产业集聚区为龙头，加快日照钢铁精品基地建设，支持菏泽打造鲁苏豫皖边界区域科学发展高地，把鲁南经济带建成全省经济新的增长极；而沂蒙老区有 15 个县（区）处于鲁南经济带中。

沂蒙老区包括临沂市 12 个县（区），日照莒县、五莲县，淄博沂源县，泰安新泰市，济宁泗水县，潍坊临朐县，共计 18 个县（市、区）。它是我党重要的革命根据地，为民族解放和中华人民共和国成立做出了巨大牺牲和重要贡献。经过多年奋斗，虽然老区的经济取得了一定的发展，但是由于自然条件恶劣、基础设施建设不足等，总体上仍然比较落后，自身发展基础薄弱，产业发展缓慢，群众收入水平低，社会事业发展滞后，有些县（区）甚至出现了经济徘徊、发展停滞的困难局面。

无工不富。为了使上述政策更好落地，企业尤其是制造企业必须做好内功，从涉及推动企业升级、经济发展的所有方面予以配合。而就当前企业及经济发展而言，从资源依赖转向创新驱动是现代经济发展的终极驱动力量，而在所有的创新驱动要素中，商业模式及其创新显然居于核心位置。对于沂蒙老区这样的欠发达地区的制造业企业而言，通过商业模式而不仅是产品、资源要素来获取竞争优势，已经成为推动企业"弯道超越"、区域经济协调发展的必然选择。

然而，由于长期以来处于国家经济发展的洼地，以及教育资源相对贫乏，导致对沂蒙老区经济发展缺乏系统、深入的理论研究，因此，从理论研究及企业实践来看，沂蒙老区制造业企业的商业模式创新领域的研究就显得尤为重要。本章通过对国内外商业模式创新的文献分析，利用规范的案例研究方法，结合沂蒙老区制造业企业商业模式创新的典型案例与成功实践，切入对企业商业模式创新的内在机制、动力与一般过程的研究主题，从而为沂蒙老区制造业企业的商业模式创新提供依据。

7.2　研究方法

本章重点研究沂蒙老区制造业商业模式创新的内在机理与具体路径，属于 Yin 强调的"为什么"及"怎么办"领域的研究。

本章遵循规范的案例研究方法，研究过程共分为启动、选取案例、建立工具或共同的概念和语言、进入现场、分析数据、建立假设、文献比较和得出结论八个步骤，如表 7-1 所示。

表 7-1　本章案例研究过程与步骤

顺序	步骤	内容
1	启动	明确分析单位，确定研究问题
2	选取案例	确定样本
3	建立工具或共同的概念和语言	多重数据收集方式，质化和量化数据，多个调研者
4	进入现场	数据搜集与分析

续表

顺序	步骤	内容
5	分析数据	单一个案分析，以及使用不同方法进行跨案例分析
6	建立假设	为每个概念建立证据表，复制跨案例逻辑，为研究结论寻找证据
7	文献比较	对相似和不同的文献进行比较
8	得出结论	在尽可能改进的情况下得出结论

7.3 研究过程

7.3.1 启动

案例研究正式开始之前，对研究焦点的进一步明确能够使研究者在调研与分析中有的放矢，不至于被淹没在大量信息中（Eisenhardt，1989）。尤其对组织管理研究而言，带着已经定义好的研究焦点进入组织，能够系统地收集确切的信息（Mintzberg，1979）。为此，本章将研究问题进一步聚焦于欠发达地区、沂蒙老区、制造企业、企业创新、商业模式、商业模式创新问题，尤其关注制造企业商业模式创新的内在机理与具体过程。此外，由于研究问题与研究视角的特殊性，本章还将进入企业内部，将企业高层、技术系统及管理系统作为案例研究的分析单位。

7.3.2 选取案例

基于理论因素而不是统计因素对样本做出倾向性选择是案例研究的一大特点（Eisenhardt，1989；Stake，2005）。考虑到制造企业商业模式创新是一个十分复杂的系统过程，为了剔除企业差异可能对理论产生的干扰影响，本章样本选择的基本标准包括：①选取沂蒙老区中知名的制造企业，其品牌具有一定社会知名度和美誉度，这样保证选取的品牌都属于强势品牌，从而使所选企业满足案例研究所需的“极端典型性”。②在不同的制造行业里选择案例企业，这样可以有效控制环境变化的影响。本章案例企业分属于肥料、电动自行车、太阳能三类。③选取不同规模的企业，消除企业规模大小给研究带来的影响。所选取案例中，既有经过多年发展在全国有一定影响力的知名企业，又有成立时间不长、员工人数不多但创新绩效显著的企业。④选取一定数量的案例，保证跨案例研究的可靠性。Sanders（1982）提出，跨案例研究中最佳的案例数目是 3~6 个。综合考虑研究需要和经费投入，本章确定的案例数为 3 个。

根据企业要求，本章成文时隐去了企业名称与受访者姓名等信息，分别以 A、B、C 等代码表示。表 7-2 介绍了样本企业的基本情况。

表 7-2　样本企业的基本情况（2011 年）

企业代码	成立时间	资产总额/亿元	员工人数/人	经营范围
A	1998 年	68	7 000	肥料
B	2002 年	2	1 000	电动自行车
C	2005 年	0.6	200	太阳能

7.3.3　建立工具或共同的概念和语言

案例研究常用的数据来源包括六种：文件、档案记录、访谈、直接观察、参与性观察和实物证据。根据问题研究需要并考虑数据的可获得性，本章主要通过文档搜集、实地调察与深度访谈的形式获取所需数据。文档数据的主要来源：①企业年鉴及内部资料；②企业网站；③中国知网、万方等学术文献数据库；④有关行业、企业、企业领导人及部门负责人的报道与书籍。其中，访谈包括领导访谈与基层员工访谈两种形式，围绕商业模式、创新、研发、制造业升级等问题开展。而实地调查除考察企业总部外，还专门对本章直接涉及的项目部进行深入调研。数据来源与数据搜集的多重性可以形成证据之间的三角互证（triangualtion），从而提高研究结论的信度。

本章调研团队的成员分别来自于企业管理、社会学两大专业，团队成员的不同视角和知识背景有利于收集丰富的数据并发现不同的问题。

每次访谈、现场观察和数据分析都由两人以上参加。在访谈过程中，进行了笔录，并在受访者允许下进行了录音。在案例数据收集中，根据情况需要将研究人员分成两至三个组，每个人承担不同的角色，如在访谈中一个人主要提问，其余人记录。各组在收集数据后交叉讨论，阐述各自的新发现并提出自己的观点和看法。研究团队中每位成员均参与资料的分析与讨论，各自收集的资料要带回团队共同分析，然后筛选、甄别出客观、有用的信息，建立研究数据库以供下一步资料研究。

7.3.4 进入现场

1. A 企业：战略规划拉动型商业模式创新

根据文献研究，A 企业的商业模式创新属于典型的战略规划拉动型。A 企业位于临沭县，该县有我国最大的复混肥产业集群。1998 年成立伊始，一直到 2004 年，该企业一直以普通复合肥料生产销售为主，与集群内其他企业在产品上没有明显区别，同质化竞争明显。2004 年以后，公司推行战略转型，将目标市场定位于当时国内尚没有出现的缓控释肥产品，此后，公司以缓控释肥研发生产为核心，逐步提升技术含量、强化产品差异。2012 年，由该公司参与起草的《控释肥料》行业标准正式实施，标志着缓控释肥战略转型取得圆满成功。研究发现，A 公司战略转型的成功实施，使其在技术研发、生产制造、仓储物流、管理制度等方面发生巨大变化。

2. B 企业：创新要素推动型商业模式创新

和国内一线品牌相比，本章所调研的 B 企业在国内属于电动自行车的二线品牌，这决定了该企业主要服务于以下两大消费市场：一是收入不高、注重实用的农村市场；二是崇尚个性、标新立异的城市高收入人群。这两大市场，具备赵晶（2010）所认为的金字塔底层市场特征。正是因为选择了这两大消费市场，B 企业在创立之初，就坚定地选择了类似“山寨”创新的商业模式：尽量降低研发成本，以外购组建组装为主，产品定价相对低廉，而且只提供必要的基础性服务，如重视销售，在售后服务领域也尽量回避维修，而以换购为主。从企业发展实际来看，应当说，B 企业之所以能够与爱玛等品牌企业相抗衡，主要还是在于其“主动”选择了一个与目标市场相匹配的运营模式。

3. C 企业：收入模式实现型商业模式创新

调研发现，C 企业虽然位于沂蒙老区经济建设相对落后的蒙阴县，但其在太阳能生产领域的热管介质、铝箔及铜管的科技含量却非常高，技术水平处于国内领先地位，目前国内只有两家企业拥有该项技术。但令人诧异的是，调研中发现，该企业并没有依靠该垄断技术获取垄断利润。恰恰相反，通过平价利用该项技术，该企业同力诺、桑乐、四季沐歌等太阳能生产企业达成战略合作关系（即 C 企业为后者贴牌生产）。为什么 C 企业坐拥多项专利，而却主动选择为他人代工这一运营模式？针对这一问题，此处基于前文微软商业模式创新相关研究成果绘制出图 7-1，用以揭示 C 企业商业模式创新的初衷。

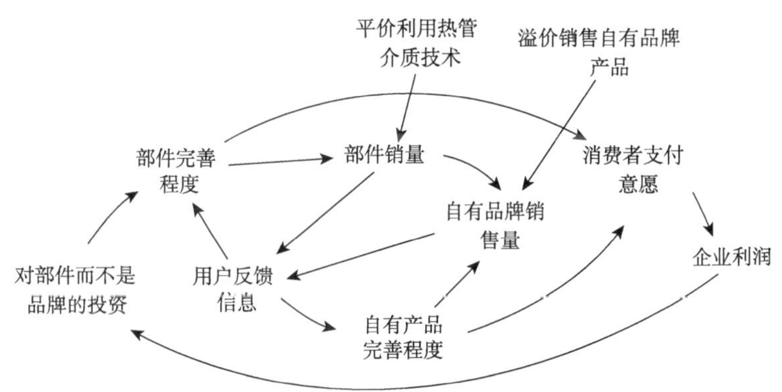

图 7-1　C 企业商业模式创新的因果回路图

7.3.5　分析数据

（1）单位化。把从 A 企业获得的高管、中层管理人员、销售片区负责人及员工的访谈记录、实地观察记录，企业提供的内部制度、企业报纸等资料，以及基于 CNKI 数据库搜集的有关企业介绍的资料共 35 份，以 A-01 到 A-35 分别编号；将 B、C 企业获得的三份资料分别以上述方法编号。

（2）抽样。将所有收集到的资料做有效性甄别后，进行全面的分析。

（3）类目建构。如表 7-3 所示，本章对沂蒙老区制造企业的商业模式创新类目做出构建。

表 7-3　A、B、C 三企业商业模式创新的机理与路径对比

比较项	A 企业	B 企业	C 企业
创新类型	战略规划拉动	创新要素推动	收入模式实现
构成要素	产品聚焦、技术创新、生产制造、仓储物流、管理制度	目标市场选择、竞合关系、竞争隔离机制	定价机制和水平、竞合关系、技术创新
初始创新活动	“从复混肥到缓控释肥”的战略目标	摈弃品牌运营战略的“山寨”要素利用模式	以“平价使用部件技术、溢价销售自有产品”为特征的收入模式再设计
内在机理与实现过程	启动创新因果联结机制	启动创新因果联结机制	重新设计创新因果联结机制

7.3.6　建立假设

通过对搜集到的数据进行内容分析，本章对三家制造企业商业模式创新的内在机理与过程做如下假设与总结。

（1）企业商业模式创新的初始动力有所不同。从案例企业实际看，A、B、C 三家企业创新的初始动力分别为确立一个新的战略目标、选择一个新的要素利用模式、设计一个新的收入模式，因此在创新类型上也有所不同，可以分别划归为战略规划拉动型、创新要素推动型和收入模式实现型。

（2）初始动力启动后，推动商业模式系统创新的构成要素各不相同，进而导致企业创新表现各异。A 企业战略转型后，在产品聚焦（以缓控释肥研发生产为核心）、技术创新（提升技术含量、参与起草行业标准）、生产制造、仓储物流、管理制度等方面的努力共同推动了企业创新。而 B 企业则在企业目标市场选择（以金字塔底层市场为目标市场）、竞合关系（不与行业领先企业正面冲突）、竞争隔离机制（低价；强调换购而不是维修）等创新要素上与其他案例企业有着明显不同。C 企业的做法，例如，能够获取垄断利润，却将价格定在较低水平，在部分组件加工制造领域有着核心技术，却以代工模式与行业领先企业合作等，也反映了其与 A、B 两家企业不同的商业模式创新要素。

（3）商业模式创新不是某个企业的孤立活动，它具备明显的开放性特征。或者可以这样说，当今时代企业运营尤其是创新活动的标志性特征便是开放性，而商业模式创新的这一特征表现得更加突出。实际上，从案例企业看，商业模式设计的关键便是外部节点的搜寻，以及内外互动界面、频次、强度等的确定。

7.3.7　比较文献

1. 落后地区与领先企业的相关研究

落后地区是一个相对概念。从国别层面看，落后地区主要指那些产业或企业处于后发追赶期间的发展中国家。从我国区域内部看，迟梦筠和龚勤林（2015）依据资源要素禀赋及其要素资源组合，将落后地区划分为资源倚重型、资本–技术匮乏型、制度落后型和结构失衡型四种类型。此外，西部地区、东部欠发达地区、老少边穷地区等都曾作为落后地区出现在各级政府文件中。

国外对领先企业（outstanding company）、核心企业（core enterprise）、领导企业（leading company）和主导企业（dominant enterprise）的关注集中于产业集群和全球价值链等研究领域。近年来，中国学者陈春花及其研究团队深植于中国管理情境，先后对中国领先企业成长模型、管理思想和管理方式展开研究。认为以海尔、华为、联想、阿里巴巴等为代表的中国领先企业，其经营哲学和组织文化、组织管理制度、运营模式、技术能力（标准）等影响和带动了一大批企业的发展（陈春花，2008，2009；乐国林等，2016；陈春花等，2016；陈春花等，2016）。这些在与西方企业的较量中取得竞争优势的领先企业，由于吸收了西方先进的管理思想与技术，融合了中国传统文化与管理哲学的智慧，从而形成了合于行业大势、符合管理常势、适合企业情境的经营哲学和管理方法论。中国企业后发追赶并成长为领先企业的成果已经成为“管理的中国理论”（the Chinese theory of management）的重要组成部分。

可以看出，在当前研究对落后地区或欠发达地区的界定上，已有学者考虑到国别区域内部经济社会发展的不均衡问题，这与本章研究的出发点是一致的。此外，已有研究同样关注后发企业赶超问题，但研究视角却是将这些企业置于国别和相对较长的时间维度上。本章研究在吸取已有成果的基础上，还必须回答：我国落后地区的后发企业，应该如何成长为行业领先企业，即“寒门”如何才能“出贵子”？

2. 落后地区企业的后发追赶研究

“能力追赶”是发展中国家后发企业实施赶超战略的关键（江诗松等，2012）。应瑛和刘洋（2015）对后发企业追赶理论进行了综述性研究，讨论了后发企业追赶文献在技术创新、战略管理、国际商务等领域在寻找理论基础方面的努力。Gereffi 和 Frederick（2010）提出并检验了发展中国家企业升级的层次和路径。也有学者认为，发展中国家摆脱“低端锁定”的出路在于基于国内市场空间的国内价值链的培育（刘志彪和张杰，2009；黎峰，2016）。中国后发企业可以基于地理边界、组织边界、知识边界构建研发网络，实现创新追赶（刘洋等，2013）。政府要加强对代工制造业技术创新的扶持和激励，通过规范政府和企业竞争行为等来降低国内价值链延伸的制度成本和组织、交易成本（陶锋，2011；刘志彪，2011）。转型经济背景下，后发企业实现创新追赶的关键在于独特的商业模式创新路径和技术创新路径（Liu and Wei，2013；曾萍等，2015）。江诗松等（2011）还指出了后发企业（latecomer firms）和后进企业（late entrants）的差异，分析了两类企业创新追赶的不同路径。

可以看出，完全可以将已有研究封装在商业模式理论框架下对落后地区后发企业的创新实践进行理论解读。

3. 制造企业的商业模式创新研究

对制造企业来说，商业模式同样是关于做什么（企业战略分析）、如何做（创新要素利用）、怎样赚钱（收入模式设计）的问题，但与电子商务或一般服务业相比，制造企业商业模式创新显然具备更加完善、规整的创新过程。具体而言，制造企业的创新形式贯穿于企业经营的整个过程，贯穿于企业的资源开发、研发模式、制造方式、营销体系、市场流通等各个环节。制造业先后经历了手工作坊、工厂式、福特式等商业模式阶段，这些阶段都是以生产方式的创新而形成了新的商业模式。近年来又出现了很多如戴尔大规模定制等新的商业模式。但目前具体到对制造企业商业模式的理论研究不是很多，研究大多是简要论述制造企业的运作过程，从而总结制造企业传统商业模式的组成要素及其固有的缺陷，鲜有针对制造企业商业模式创新的机理、路径与动力领域的研究，从而不能很好地为制造企业商业模式的创新提供具体的指导和帮助。

值得强调的是，夏先良（2003）、尹生（2009）虽然也基于国别视角研究了欠发达地区的商业模式创新问题，但并没有触及落后地区制造企业这一根性问题。

7.4 本章小结：企业依托商业模式创新实现弯道超车的一般路径

国内外企业实践表明，商业模式创新是后发地区企业赶超领先企业、实现弯道超车的有效方式之一。本章研究通过对国内外商业模式创新的文献分析，针对沂蒙老区制造业企业商业模式创新的典型案例与成功实践，利用规范的案例研究方法，研究了系统动力作用下制造企业依靠商业模式创新实现弯道超车的具体路径。本章研究结论主要有以下几点。

（1）对于落后地区的后发企业而言，可以将商业模式创新作为弯道超车的路径。

本章着眼于沂蒙老区三家代表性企业，虽然选择了其行业，但是事先对企业发展阶段、目前发展水平并没有很多了解。随着调研逐步深入，研究发现，三家企业创业初期，受老区经济社会发展滞后性的影响较大，不仅原始投资较为欠缺，在技术研发、企业管理方面也非常落后。但是，通过商业模式创新，老区落后企业完全可以实现弯道超越。A 企业已经发展成为国内缓控释肥行业的领军企业，B 企业在电动车销售量方面位居全国前列，而 C 企业目前品牌虽没有进入国内一线品牌，但在关键部件、关键技术领域处于国内领先地位，部件供应处于相对垄断地位。总结起来，通过商业模式创新，沂蒙老区制造企业同样可以处于竞争优势地位。

（2）尽管创新类型、创新要素不同，但商业模式创新推动企业弯道超越存在相通的因果联结机理。

企业商业模式创新的初始动力有所不同，推动商业模式系统创新的构成要素也各不相同。此外，由于企业所处外部环境不同、成长阶段不同，其需要发展的能力应有所侧重、有先有后。对于同一时期的不同企业而言，各自亟须提升的能力或能力组合也应有所差别。但从商业模式创新推动企业弯道超越的内在机理看，后发企业通过不断提升其制造能力、技术能力、市场能力或能力组合，动态优化后发企业与其他企业的嵌入关系，从而推进自身由后发企业成长为领先企业。因果联结机制必须被触发，进而启动各创新要素进行价值创造和收入实现，商业模式创新才能得以顺利进行。

（3）政府在落后地区后发企业的创新发展中起着重要作用。

超出已有研究提升理论边际贡献，是案例研究的重要目的。在对 A、B、C 三家企业的调研中，还发现政府在企业商业模式创新中的作用。例如，A 企业的产品定位、战略转型不仅与企业创始人密切相关，更是在时任县委书记的直接推动下完成的。在该县委书记升任新部门新职务时，企业创始人仍与其保持经常性联系。受访中，创始人对时任县委书记的感激之情溢于言表。B 企业位于沂南县电动车产业基地，该基地本身就是政府力推的结果。作为青岛一家知名企业的分公司，B 企业也是沂南县招商引资的直接成果。而对于 C 企业而言，当企业面临用地难、与相邻企业关系紧张、资金短缺，甚至高管团队内部出现管理分歧时，蒙阴县政府及时联系土地、银行及本地高校，从各方面对其予以支持。在搜集到的 C 企业的材料中，县民营经济发展办公室就有对该企业上述问题的详细记录。因此可以这样说，各级政府推动是企业商业模式创新的重要外部驱动力量，对企业创新起着导向性作用。只有恰当发挥地市政府力量，利用好国家支持沂蒙老区发展的各项政策，推动制造业企业商业模式创新，才能从根本上改变沂蒙老区“落后—输血—再落后—再输血”的恶性循环。

第8章　高管特质、商业模式选择与企业绩效——来自制造企业的经验证据

8.1　引言

第 4 章采用逐项复制方法对商业模式创新的内在机理做出验证，根据初始活动的不同将商业模式创新划分为战略规划拉动、创新要素推动、收入模式实现及商业模式互动四种类型，但仍然缺乏对每种类型商业模式创新的进一步细分与研究。但需要指出，多案例研究方法虽然有助于不同类型商业模式创新之间的比较，但与单案例研究相比，由于缺乏对某一案例深入、细致的纵向研究，因而不能揭示出案例企业是“如何随着时间的变化而发生变化的”（Gallivan，2001）。为此，第 6 章以海尔为案例，对商业模式创新过程做出单案例研究。但总体而言，由于案例研究方法的天然缺陷，我们仍然不能解决以下问题：海尔等企业的商业模式创新实践，究竟能在多大程度上进行推广？为解决这一问题，本章在前文研究基础上，选取企业家特质、商业模式类型和企业绩效等指标，拟通过构建统计模型进行分析，以期获得更具一般性的结论。

8.2　理论基础

8.2.1　高管特质及其对商业模式的选择

高阶管理理论认为，高管团队是决定企业战略决策和实施成败的关键，其人口统计学特征与异质性是影响企业战略决策的重要因素。该理论的核心是高管团队的特质反映了其认知模式，进而影响其决策。作为商业模式的设计者和创新启动者，管理者尤其是高管或企业创始人是商业模式创新的关键因素。管理者之所以选择某种商业模式，与其机会感知、威胁感知和风险规避等特质密不可分。企业家的创新信心高于一般员工，其响应测试结果与预期的贝叶斯理性行为是一致的。企业家必须有选择地“忘记过去”，以更好地创造未来。Baden-Fuller 和 Mangematin（2013）将商业模式视为存在于管理者、学者头脑中的认知结构，强调管理创新启动企业内部因果关系链的作用。与之类似，Osiyevskyy 和 Dewald（2015a）考虑企业内生性要素，依据认知和战略理论来解释导致小企业商业模式变革的战略决策的认知因素。Bock 等（2012）指出，通过简化组织结构、放弃对非核心职能的控制权可以显著提高商业模式的灵活性，如 Shin（2014）以商业模式及其创新为主题，调查了韩国 SNS 行业的 102 位企业负责人，发现企业家更多地把注意力集中到了外部资源聚合与智能设备应用上，而不是关注 SNS 的网络技术。此外，高管行业经验构成也影响着其对不同商业模式的选择。

高管或高管团队的特质和认知模式决定了注意力焦点，进而影响其对商业模式的选择。但影响高管商业模式选择的除注意力焦点外，注意力情境因素同样也不可忽视。换而言之，高管会关注哪些议题及做出何种决策，还取决于他们所处的特定的背景和环境。当企业董事长与总经理两职合一时，董事会对高管团队的制约和监督会削弱。在这种情况下，以总经理为核心的高管团队拥有更大的权力，可以提高其战略决策最终落实到企业创新实践上的概率。但对两职是否合一与商业模式类型的匹配关系，现有研究则鲜有涉及。

8.2.2 决策情境与商业模式选择

在影响商业模式及其选择的决策情境方面，技术因素是学者们关注的焦点。商业模式就是一张描述和计算价值的“技术-经济”网络，使企业家能够开拓新市场，并通过这一价值网络创造企业价值。商业模式创新通常由技术创新致使，这主要体现在两方面：一是技术创新发现新市场和满足客户的独特需求，对技术、价值及其传递产生影响；二是技术进步也会对商业模式的提供成本产生一定影响（Teece，2010）。但需要强调的是，技术并非是驱动商业模式创新的唯一因素，甚至不是最重要的因素。技术变化并不总是触发或需要重塑商业模式（Teece，2010），对某一技术的过度依赖甚至是可持续创新的重要障碍。有学者指出，商业模式创新的优势就是在不需要对技术进行大额投资的前提下，依靠管理者的管理创新、基于企业及其合作伙伴现有资源的重新设计推动企业发展。在公共服务部门，成功的技术创新更多地依赖于公共部门与私人部门的商业模式互动，而并非技术水平自身。

除技术因素外，竞争强度、产品生命周期、企业间合作关系也是构成高管决策情境的重要因素。新商业模式的选择，就是对其要件或结构进行修改，以适应行业竞争和产品生命周期。Casadesus-Masanell 和 Zhu（2013）提出了商业模式动态创新的数理模型，研究了在位者和模仿者之间的战略互动。企业要创新其商业模式，一个重要的机制就是与外部建立共同发展关系。企业间合作可以创造和提供更多的社会和经济价值，与其他企业合作并不妨碍特定企业开展创新。恰恰相反，成功的技术创新更多依赖商业模式所涉及的企业间的具体技术合作。Teece（2010）甚至指出，外部竞争环境在推动商业模式创新中起着决定性作用；如果商业模式不适应竞争环境，那么再先进的技术和产品、优秀的人才和管理、卓越的领导力等都不能保证企业获得持续成功。Mason 和 Mouzas（2012）研究发现商业模式的灵活性由网络影响力、交易关系和企业所有权决定。

但也有实证研究表明，外部因素对商业模式创新的影响并不显著，如 Duran-Encalada 和 Paucar-Caceres（2012）依据公开数据构建了墨西哥石油公司商业模式创新的系统动力模型。研究将领导力、利益相关者的动机和外部因素确定为动力模型中的杠杆点。仿真结果表明，通过提高领导活动和利益相关者的动机水平，可以显著提高企业绩效，而外部经济因素（如全球经济发展和原油价格）则对此影响不大。同一行业中存在着诸多看似相似其实不同的商业模式，这也说明外部环境并非是决定商业模式的唯一要素。

8.2.3　单一型商业模式和混合型商业模式

在商业模式分类学研究中，除前文提及的聚焦要素、架构和界面规则等研究视角外，也有学者关注企业在某一时段能够同时采取的商业模式数量，并据此观测商业模式的复杂程度对企业绩效的影响。应当说，商业模式理论之所以能在产学两界影响巨大，主要是因为该领域的理论研究能够为企业实践提供创新范本和原型，因此从这一个意义上，商业模式设计和选择应当秉承"一招鲜"原则，即企业应当也必须拥有单一的商业模式，商业模式创新就是企业或行业实施战略 A 或 B 或 C。

但也有学者的实证研究不支持这一观点，认为"一招鲜"即单纯选择一种商业模式可能会面临自身刚性、对手模仿等诸多问题，因此企业更倾向于在同一时期选择实施两种或两种以上的商业模式，"组合拳"才是企业创新的理性选择。例如，Benson-Rea 等（2013）研究了新西兰葡萄酒行业的 7 家企业，发现随着时间变化，企业或行业既可以单独实施某一战略，也可以多种战略并存，从而推进其商业模式创新。Richter（2013）针对新能源行业设计出三种通用的商业模式创新类型，为德国海上风电选取了其中的两种模式。Willemstein 等（2007）基于 80 家企业和四个案例的纵向数据，发现商业模式并非是简单的从 A 到 B 的转化，更多时候则是多种商业模式共存。Teece（2010）指出，商业模式设计存在两个极端，一是从 A 到 Z 的全面设计，二是单纯聚焦某一环节（如专利）的单点设计。Teece（2010）主张商业模式创新的混合模式，反对全面设计和单点设计。但无论如何，混合型商业模式只有被应用得当、成功实施，才可作为高管创新的新工具。因此，到底是哪些因素和内在机理决定着企业对单一型商业模式和混合型商业模式的选择，以及商业模式复杂程度如何影响企业绩效，构成本章关注的又一内容。

8.2.4 高管特质与企业绩效

确有实证研究表明，商业模式组合更有利于企业内部的技术共享，从而使企业更具创新性（Clausen and Rasmussen，2013）。商业模式由资源结构、中介结构和价值结构组成，企业家的创业认知在其中起着重要的联结作用（Aspara et al.，2013）。企业家的管理和创业技能，以及管理关系显著影响商业模式的创新。创业技能和管理关系互动推动了商业模式创新，而管理技能和管理关系互动则抑制了商业模式创新（Baden-Fuller and Mangematin，2013）。Patzelt 等（2008）基于高阶管理理论，引入商业模式变量对高管经验如何影响组织绩效进行了实证研究。从德国 99 家生物技术企业的数据看，高管的经验构成对组织绩效的贡献大小与企业的商业模式密切相关（专注药品技术研发还是生产具体药品）。在药品研发企业中，高管的技术知识对组织绩效具有正向影响，而在药品生产企业中则对其组织绩效具有负面影响。制药行业的管理经验对两类组织的绩效均具有正向影响，但在药品生产企业中作用更大。

8.3 研究设计

8.3.1 模型构建

1. 高管特质对商业模式选择意愿的差异化影响

为研究高管特质对商业模式选择意愿的差异化影响，本小节构建分层线性回归模型，采用 SPSS 软件对数据进行相关性分析和层次回归分析。层次回归分析中，采用进入的方法，第一层放入控制变量和两职合一变量；第二层放入控制变量、两职合一变量和年龄变量；第三层放入控制变量、两职合一变量、年龄变量和交互项。每一层中，通过对标准回归系数、R^2 、ΔR^2 进行检验，判断其显著性。模型如下所示：

$$\text{Mod} = \beta_0 + \beta_1\text{Gen} + \beta_2\text{Edu} + \beta_3\text{Mar} + \beta_4\text{Dua} + \varepsilon \qquad (8\text{-}1)$$

其中，Mod 代表商业模式；Gen 代表性别；Edu 代表文化程度；Mar 代表婚姻状况；Dua 代表两职合一；β_0 代表常数项，$\beta_1 \sim \beta_4$ 代表模型系数；ε 为残差项。

$$\text{Mod} = \beta_0 + \beta_1\text{Gen} + \beta_2\text{Edu} + \beta_3\text{Mar} + \beta_4\text{Dua} + \beta_5\text{Age} + \varepsilon \qquad (8\text{-}2)$$

其中，Age 代表年龄，其余符号表示意义与式（8-1）一致。

$$\begin{aligned}\text{Mod} = \beta_0 &+ \beta_1\text{Gen} + \beta_2\text{Edu} + \beta_3\text{Mar} + \beta_4\text{Dua} \\ &+ \beta_5\text{Age} + \beta_6\text{Dua} \bullet \text{Age} + \varepsilon\end{aligned} \qquad (8\text{-}3)$$

其中，Dua•Age 表示两职合一与年龄的交互项，通过观察交互项的回归系数来判断两职合一和年龄对商业模式选择意愿的交互作用，其余符号表示意义与式（8-2）一致。

2. 商业模式选择意愿的影响因素

由于本章所选择的因变量商业模式为二分变量，即当企业为单一型商业模式时用“1”表示，当企业为混合型商业模式时用“2”表示，因而选用二元 Logistic 回归模型研究商业模式选择意愿的影响因素最为理想。在对工业企业商业模式选择意愿影响因素分析的基础上，构建 Logistic 回归模型如下：

$$\ln\left(\frac{P_i}{1-P_I}\right) = \sigma + \sum_{k=1}^{n} \beta_k X_{ki} \qquad (8\text{-}4)$$

其中，$P_i = P\left(y_i = 1 \mid x_{1i}, x_{2i}, \cdots, x_{ki}\right)$ 为在给定系列自变量 $x_{1i}, x_{2i}, \cdots, x_{ki}$ 的值时的事件发生概率，i 为工业企业的编号；β_k 表示影响因素的回归系数，k 为影响因素编号；n 表示影响这一概率的因素个数；x_{ki} 为自变量，表示第 i 个工业企业的第 k 个影响因素；σ 表示截距项。

3. 商业模式与企业绩效的耦合

为研究不同企业经营年限下商业模式与企业绩效的耦合情况，本小节构建分层线性回归模型，采用 SPSS 软件对数据进行统计分析，包括因子分析、相关性分析和层次回归分析。层次回归分析中，采用进入的方法，第一层放入控制变量和商业模式变量；第二层放入控制变量、商业模式变量和企业经营年限变量；第三层放入控制变量、商业模式变量、企业经营年限变量及商业模式变量与企业经营年限变量的交互项。每一层中，通过对标准回归系数、R^2、ΔR^2 进行检验，判断其显著性。模型如下所示：

$$\mathrm{Per} = \beta_0 + \beta_1 \mathrm{For} + \beta_2 \mathrm{Edu} + \beta_3 \mathrm{Comp} + \beta_4 \mathrm{Mod} + \varepsilon \tag{8-5}$$

其中，Per 代表企业绩效；For 代表企业所有制形式；Edu 代表员工总数；Comp 代表竞争状况；Mod 代表商业模式；β_0 代表常数项；$\beta_1 \sim \beta_4$ 代表模型系数；ε 为残差项。

$$\mathrm{Per} = \beta_0 + \beta_1 \mathrm{For} + \beta_2 \mathrm{Edu} + \beta_3 \mathrm{Comp} + \beta_4 \mathrm{Mod} + \beta_5 \mathrm{Yer} + \varepsilon \tag{8-6}$$

其中，Yer 代表企业经营年限，其余符号表示意义与式（8-5）一致。

$$\begin{aligned}\mathrm{Per} = {} & \beta_0 + \beta_1 \mathrm{For} + \beta_2 \mathrm{Edu} + \beta_3 \mathrm{Comp} + \beta_4 \mathrm{Mod} \\ & + \beta_5 \mathrm{Yer} + \beta_6 \mathrm{Mod} \bullet \mathrm{Yer} + \varepsilon\end{aligned} \tag{8-7}$$

其中，Mod•Yer 表示商业模式与企业经营年限的交互项，通过观察交互项的回归系数来判断企业经营年限对不同商业模式盈利作用的影响，其余符号表示意义与式（8-6）一致。

8.3.2 数据来源、变量描述与数据处理

本节研究的数据来源于针对制造业企业高级管理层的问卷调查，共发放问卷 178 份，针对回收的问卷进行仔细的审核，在剔除了有明显错误或回答不真实的问卷后，得到有效问卷 108 份，有效回收率为 60.67%。研究所用相关变量的赋值与描述性统计如表 8-1 所示。

表 8-1　变量的赋值与描述性统计

变量名	变量类型	变量赋值	均值	标准差
商业模式	因变量/自变量	单一型商业模式=1；混合型商业模式=2	1.56	0.50
性别	高管特质变量	男=1；女=2	1.35	0.48
文化程度	高管特质变量	初中及以下=1；高中=2；大学本科=3；研究生=4	3.26	0.55
婚姻状况	高管特质变量	已婚=1；未婚=2	1.06	0.25
两职合一	高管特质变量	是=1；否=3	1.52	0.50
年龄	高管特质变量	实际年龄	46.84	11.89
盈利能力	内在影响因素	低=1；较低=2；一般=3；较高=4；高=5	3.39	1.25
创新能力	内在影响因素	低=1；较低=2；一般=3；较高=4；高=5	3.58	1.43
员工素质	内在影响因素	低=1；较低=2；一般=3；较高=4；高=5	3.25	1.26
管理水平	内在影响因素	低=1；较低=2；一般=3；较高=4；高=5	3.32	1.47
文化异质性	内在影响因素	低=1；较低=2；一般=3；较高=4；高=5	3.34	1.50
市场竞争强度	外在影响因素	低=1；较低=2；一般=3；较高=4；高=5	3.48	1.29
产业政策倾向	外在影响因素	差=1；较差=2；一般=3；较好=4；好=5	3.47	1.23
融资环境	外在影响因素	差=1；较差=2；一般=3；较好=4；好=5	3.69	1.05
合作伙伴稳定性	外在影响因素	差=1；较差=2；一般=3；较好=4；好=5	3.51	1.15
科技进步	外在影响因素	低=1；较低=2；一般=3；较高=4；高=5	3.72	1.09
企业所有制形式	企业特质变量	国有企业=1；民营企业=2；合资企业=3；外资企业=4；其他=5	2.34	1.48
员工总数	企业特质变量	实际人数	4 324.61	25 352.24
竞争状况	企业特质变量	没有竞争=1；竞争较小=2；竞争一般=3；竞争较大=4；竞争激烈=5	3.53	1.23
成立年限	企业特质变量	实际年限	25.12	20.94
相比主要竞争对手销售净利率情况	企业特质变量	低=1；较低=2；一般=3；较高=4；高=5	3.55	1.44
相比主要竞争对手资产收益率情况	企业特质变量	低=1；较低=2；一般=3；较高=4；高=5	3.57	1.40
相比主要竞争对手销售增长率情况	企业特质变量	低=1；较低=2；一般=3；较高=4；高=5	3.55	1.41
相比主要竞争对手市场占有率情况	企业特质变量	低=1；较低=2；一般=3；较高=4；高=5	3.44	1.47

为克服原始数据由于量纲不同而对分析结果产生不合理的影响，在进行实证分析之前，首先对数据进行标准化处理，所采用的公式为

$$X_{ij}^{*}=\frac{X_{ij}-\bar{X}_{j}}{S_{j}}\left(i=1,2,\cdots,n\ ;j=1,2,\cdots,p\right)$$

其中，X_{ij}^{*} 表示标准化数据；X_{ij} 表示第 i 个样品在第 j 个变量上变换后的数据值；$\bar{X}_{j}$ 表示变量 j 的平均值；S_{j} 表示变量 j 的标准差。通过对以上变量的标准化处理，消除了因量纲不同而造成的统计偏差，便于对真实的统计结果进行估计。

本章通过相比主要竞争对手销售净利率情况、相比主要竞争对手资产收益率情况、相比主要竞争对手销售增长率情况和相比主要竞争对手市场占有率情况四个方面来衡量企业的绩效。通过对这四个指标的降维处理，获得企业绩效的评价指标。因子分析结果共提取一个公因子，方差解释率为 92.411%。此外，KMO 值为 0.859，Bartlett 球形检验值通过了 1%统计水平下的显著性检验，说明适宜进行因子分析。

8.4 实证分析

8.4.1 高管特质对商业模式选择意愿的差异化影响

1. 相关性分析

表 8-2 为高管特质相关系数表。由表 8-2 可知，性别与两职合一有显著正相关关系（r=0.516，p<0.01），年龄与商业模式也存在显著正相关关系（r=0.192，p<0.05），说明年龄越小，越倾向于选择单一型商业模式；年龄越大，越倾向于选择混合型商业模式。但值得注意的是，两职合一变量并未与商业模式存在显著关系。但相关矩阵只能反映不同变量之间的关系密切程度，无法反映变量之间真实的因果关系。因此，本章根据温忠麟等（2005）提出的调节效应

的检验方法，采用层次回归的逐步进入法来检验年龄和商业模式的交互效应。

表 8-2　高管特质相关系数表

变量	1	2	3	4	5
性别	1				
文化程度	0.04	1			
婚姻状况	−0.12	−0.12	1		
两职合一	0.516***	0.05	−0.05	1	
年龄	0.13	−0.05	0.04	0.14	1
商业模式	−0.02	−0.06	0.00	0.05	0.192**

和*分别表示在 5%和 1%的统计水平下显著

2. 层次回归结果分析

两职合一和年龄对商业模式的交互作用结果如表 8-3 所示。温忠麟等（2005）认为对交互作用的检验可以从两方面入手：一方面，若交互项的回归系数显著，则交互效应存在；另一方面，Y 对 X 和 M 做回归，测得回归系数 R_1^2，Y 对 X、M 和 XM 做回归，测得回归系数 R_2^2，令 $\Delta R^2 = R_2^2 - R_1^2$，则 ΔR^2 为调节效应的效果量，若 ΔR^2 显著，则认为交互效应存在。如模型（8-1）所示，在未加入年龄变量时，两职合一对商业模式的正向影响未通过显著性检验（r =0.085，p =0.459）。如模型（8-2）所示，在加入年龄变量后，年龄变量对商业模式的正向影响通过了 1%统计水平下的显著性检验（r =0.008，p<0.1），但两职合一对商业模式的正向影响仍未通过显著性检验（r =0.065，p =0.563）。如模型（8-3）所示，在加入年龄变量和两职合一的交互项后，交互项对商业模式的正向影响通过了 1%统计水平下的显著性检验（r =0.016，p=0.074），且模型（8-3）中的 ΔR^2 能够显著解释 3%的变异（ΔR^2=0.03，p<0.1）。这说明，两职合一和年龄对商业模式有正向的交互作用，即两职合一、年龄小，公司高管倾向于设计出单一型商业模式；反之，倾向于设计出混合型商业模式。

表 8-3 高管特质层次回归结果

变量	商业模式		
	模型（8-1）	模型（8-2）	模型（8-3）
C	1.726*** （0.000）	1.396*** （0.002）	2.741*** （0.002）
性别	−0.063 （0.602）	−0.080 （0.500）	−0.048 （0.688）
文化程度	−0.085 （0.517）	−0.049 （0.579）	−0.061 （0.490）
婚姻状况	−0.015 （0.941）	−0.034 （0.863）	−0.074 （0.709）
两职合一	0.085 （0.459）	0.065 （0.563）	−0.708 （0.112）
年龄		0.008* （0.055）	−0.020 （0.214）
交互项			0.016* （0.074）
R^2	0.009	0.045	0.075
ΔR^2	0.009	0.035*	0.03*

*和***分别表示在 10%和 1%的统计水平下显著

注：括号内为检验 p 值

8.4.2 商业模式选择意愿影响因素分析

根据上文所述的研究方法，本章选择从企业内在影响因素和企业外在影响因素两方面来对商业模式选择的影响因素进行分析。企业内在影响因素方面，本章选择从企业的营利能力、创新能力、员工素质、管理水平和文化异质性五个方面进行估计；企业外在影响因素方面，本章选择从企业的市场竞争强度、宏观产业政策倾向、金融业融资环境、合作伙伴的稳定程度和社会科技进步水平五方面进行估计。如表 8-4 所示，回归模型的统计检验结果表明，本模型的拟合优度良好，有较强的解释力，回归结果可信。

表 8-4　Logistic 模型回归结果

解释变量		系数	标准误	Wald 统计量	显著性	Exp（B）
C		−5.293***	1.834	8.326	0.004	0.005
内因因素	营利能力 X_1	−0.727*	0.376	3.735	0.053	0.483
	创新能力 X_2	1.266***	0.433	8.533	0.003	3.545
	员工素质 X_3	−0.583	0.386	2.281	0.131	0.558
	管理水平 X_4	0.433	0.327	1.753	0.186	1.542
	文化异质性 X_5	0.813***	0.284	8.212	0.004	2.254
外因因素	市场竞争强度 X_6	0.910***	0.353	6.656	0.010	2.485
	宏观产业政策倾向 X_7	0.293	0.337	0.756	0.385	1.340
	金融业融资环境 X_8	−1.355**	0.533	6.470	0.011	0.258
	合作伙伴的稳定程度 X_9	−0.171	0.354	0.232	0.630	0.843
	社会科技进步水平 X_{10}	0.688*	0.371	3.426	0.064	1.989
−2 Log likelihood	75.165					
Cox&Snell R^2	0.490					
Nagelkerke R^2	0.657					
Hosmer&Lemeshow 检验	c^2	3.827				
	显著性	0.872				
预测值	83.3%					

*、**和***分别表示在 10%、5%和 1%的统计水平下显著

1. 内因因素对商业模式选择意愿的影响

由表 8-4 可知，营利能力对商业模式的负向影响通过了 10%统计水平下的显著性检验，说明随着企业营利能力的提升，企业倾向于选择单一型商业模式，原因可能在于：具有较强营利能力的企业通常拥有稳定的供应链、稳定的客户群体及较大的成本领先优势，这些稳定性因素通常不利于催生商业模式的变革。创新能力与商业模式的正向影响通过了 1%统计水平下的显著性检验，说明随着企业创新能力的提升，企业倾向于选择混合型商业模式，原因可能在于：拥有较强创新能力的企业新产品的研发能力也较强，多元化的产品会带动企业的多元化发展，当新产品逐渐获得一定的市场份额后，企业会选择混合型商业模式来实现平衡发展。员工素质对商业模式的影响未通过一定程度下的显著性检验，原因可能在于：无论是单一型商业模式还是混

合型商业模式，企业产品要想在市场上获取竞争性优势，优秀的员工素质均是必要条件，并不能成为商业模式选择的决定性因素。管理水平对商业模式的影响并未通过一定程度下的显著性检验，原因可能在于：同员工素质对商业模式选择意愿的影响类似，较高的管理水平是企业在竞争激烈的市场环境中生存的必要条件之一，并不能成为商业模式选择的决定性因素。文化异质性对商业模式的正向影响通过了1%统计水平下的显著性检验，说明随着企业内部文化异质性的增强，企业倾向于选择混合型商业模式，原因可能在于：多元文化共荣共生容易催发商业模式创新，管理团队的文化异质性有利于顶层设计的多样性，企业文化作为企业的精神和价值观，引导着包括商业模式在内的企业方方面面的发展。

2. 外因因素对商业模式选择意愿的影响

由表 8-4 可知，市场竞争强度对商业模式的正向影响通过了1%统计水平下的显著性检验，说明随着市场竞争强度的提升，企业倾向于选择混合型商业模式，原因可能在于：采取单一型商业模式的企业，若其主要产品在市场中没有绝对的成本领先地位，较大的市场竞争强度会加快这类企业的淘汰，企业只有寻求转型和多样化发展才能应对生存危机，同时研发多样化的产品来分担竞争压力。宏观产业政策倾向对商业模式的影响未通过一定程度下的显著性检验，原因可能在于：宏观产业政策倾向在增加企业相关产品业务便利程度的同时，也会加剧同行业竞争，带来较大市场竞争强度，对企业的影响还有待讨论。金融业融资环境对商业模式的负向影响通过了5%统计水平下的显著性检验，说明金融业融资环境优化会促使企业选择单一型商业模式，原因可能在于：良好的金融业融资环境减轻了企业融资压力，使企业在激烈的竞争市场中获得更多的喘息机会，庞大的资本可帮助企业扩大生产规模，取得成本领先地位，这些因素使企业在经营单一产品时会有更多优势并倾向于选择单一型商业模式。合作伙伴的稳定程度对商业模式的影响未通过一定程度下的显著性检验，原因可能在于：一方面，稳定的合作伙伴有利于构建稳定的供应链，增加单一产品收入的稳定性；另一方面，稳定的合作伙伴使企业有精力和时间扩展其他业务，拓宽商业渠道，因此，其对商业模式选择的影响较为复杂。社会科技进步水平对商业模式的正向影响通过了 10%统计水平下的显著性检验，说明随着社会科技进步水平的提升，企业倾向于选择混合型商业模式，原因可能在于：社会科技进步水平的提升有利于新产品的开发，消费需求进一步多样化促进企业多元化产品的生产，此外，科技创新催生了业态创新，有利于混合型商业模式的发展。

8.4.3　商业模式与企业绩效的耦合

1. 相关性关系

表 8-5 为企业绩效相关系数表。由表 8-5 可知，成立年限与相对销售净利率（r =0.261，p<0.01）、相对资产收益率（r =0.245，p<0.01）、相对销售增长率（r =0.260，p<0.01）和相对市场占有率（r =0.218，p<0.05）均有显著正相关关系。商业模式同企业绩效的衡量指标无显著相关关系。但相关矩阵只能反映不同变量之间的关系密切程度，无法反映变量之间真实的因果关系。因此，本节根据温忠麟等（2005）提出的调节效应的检验方法，采用层次回归的逐步进入法来检验商业模式和企业成立年限的交互效应。

表 8-5　企业绩效相关系数表

变量	1	2	3	4	5	6	7	8
企业所有制形式	1.000							
员工总数	−0.094	1.000						
竞争状况	−0.198**	−0.081	1.000					
商业模式	0.204**	0.075	0.012	1.000				
成立年限	−0.096	0.119	−0.032	−0.004	1.000			
相对销售净利率	−0.032	0.130	0.026	0.074	0.261***	1.000		

续表

变量	1	2	3	4	5	6	7	8
相对资产收益率	0.039	0.129	0.012	−0.014	0.245**	0.869***	1.000	
相对销售增长率	0.026	0.127	0.005	0.076	0.260***	0.945***	0.913***	1.000
相对市场占有率	−0.022	0.134	−0.015	0.044	0.218**	0.893***	0.854***	0.918***

*、**和***分别表示在 10%、5%和 1%的统计水平下显著

2. 层次回归结果分析

商业模式和企业成立年限对企业绩效的交互作用结果如表 8-6 所示。如模型（8-5）所示，在加入控制变量和商业模式变量后，商业模式对企业绩效的回归系数未通过一定程度下的显著性检验（r=0.034，p=0.734），说明商业模式与企业绩效之间并无直接关系，任何类型的商业模式都有可能获得丰厚利润。如模型（8-6）所示，在加入企业成立年限变量后，成立年限对企业绩效的正向影响通过了5%统计水平下的显著性检验（r=0.247，$p<0.05$），说明成立年限更长的企业经营状况更好，这也是企业长寿的原因之一。如模型（8-7）所示，在加入企业成立年限和商业模式的交互项后，交互项对企业绩效的正向影响通过了5%统计水平下的显著性检验（r=0.198，$p<0.05$），此外，模型（8-7）中的ΔR^2能够显著解释 3.8%的变异（ΔR^2=0.038，$p<0.05$）。这一结论说明随着企业经营时间的增加，混合型商业模式相比单一型商业模式更容易获得更高水平的企业绩效。

表 8-6　企业绩效耦合层次回归结果

模型	模型（8-5）	模型（8-6）	模型（8-7）
企业所有制形式	0.013 （0.901）	0.037 （0.716）	0.024 （0.812）
员工总数	0.136 （0.173）	0.110 （0.261）	0.087 （0.368）
竞争状况	0.020 （0.839）	0.031 （0.725）	0.017 （0.863）
商业模式	0.034 （0.734）	0.032 （0.743）	0.036 （0.705）

续表

模型	模型（8-5）	模型（8-6）	模型（8-7）
成立年限		0.247** （0.011）	0.234** （0.012）
交互项			0.198** （0.040）
R^2	0.020	0.080	0.118
ΔR^2	0.020 （0.713）	0.060** （0.011）	0.038** （0.040）

**表示在 5%的统计水平下显著

注：括号内为检验 p 值

为对假设进行进一步检验，本章采用 Leona（1991）提出的选点法（pick-a-point approach）进行简单斜率的显著性检验。基本做法如下：第一步，为调节变量选取特定值 Z_T，创造一个新变量 $Z_N = Z - Z_T$；第二步，产生交互项 XZ_N；第三步，建立 $Y = \beta_0 + \beta_1 X + \beta_2 Z_N + \beta_3 XZ_N + \varepsilon$ 回归模型，回归系数 β_1 的值为简单斜率值，β_1 的显著性为简单斜率的检验结果，斜率检验结果如表 8-7 所示。当企业经营年限短时，商业模式对企业绩效具有负向影响，但其斜率未通过一定程度下的显著性检验（simpleslop=−0.162，p=0.23）。尽管未通过显著性检验，但本章可以初步认为，当企业经营年限短时，单一型商业模式相比混合型商业模式更容易获得更高水平的绩效。当企业经营年限长时，商业模式对企业绩效的正向影响的斜率检验通过了 10%统计水平下的显著性检验（simpleslop=0.235，p=0.089），说明企业经营年限长时，混合型商业模式相比单一型商业模式更容易获得更高水平的绩效。

表 8-7　简单斜率检验

调节模型	斜率	标准误	T 值	显著性
短经营年限	−0.162	0.134	−1.209	0.23
长经营年限	0.235	0.137	1.717	0.089

8.5 本章小结：高管特质、商业模式选择及二者对企业绩效的影响

第一，高管和高管团队特质及团队文化，与商业模式选择密切相关。研究发现，高管两职合一、年龄小，倾向于设计出“一招鲜”即单一型商业模式，反之，倾向于设计出“组合拳”即混合型商业模式。笔者以为，当总经理和董事长两职合一时，总经理及高管团队享有的自主权更多，因此企业商业模式创新的意见趋向于“集中”，加之高管年龄较小,因此单一型商业模式会更高概率落实到企业创新实践中。而当两职分离时，董事长与总经理意见妥协可能使可供选择的商业模式原型更加多元，高管年龄偏大、心智成熟等因素叠加后，企业更倾向于选择混合型商业模式。

此外，企业内部文化异质性的增强使企业倾向于选择混合型商业模式，管理团队的文化异质性有利于顶层设计的多样性，多元文化共荣共生更容易催发商业模式创新。随着市场竞争强度的提升，企业倾向于选择混合型商业模式。从已有研究看，高管引导建立的开放型团队文化、开放式商业模式创新理念，为企业混合型商业模式的顺畅运行提供了基本保障。Aspara 等（2013）以诺基亚 1990~1996 年的商业模式转型为例，揭示了高管团队在企业内外建立、分享商业模式创新认知的重要性。在软件设计、网络服务等行业，审视外部环境不仅是管理人员的任务，所有开发人员均必须秉承开放式创新观念，做到与客户的实时互动。Casadesus-Masanell 和 Tarziján（2012）研究指出，商业模式能否互补，取决于两个因素：一是主要资产能否共用；二是模式组合形成后，企业资源和能力的协同效应如何。混合型商业模式更有利于企业内部的技术共享，从而使企业更具创新性。Markides（2013）认为企业秉承隔离思想，通过成立新部门、实践新商业模式并不总是必要的；企业应秉承整合思想、重视两种商业模式及其背后资源的协同效果，以保证两种冲突的商业模式能够被同时封装到同一

企业内。

需要注意的是，本章研究发现较高的员工素质和管理水平是企业在竞争激烈的市场环境中生存的必要条件之一，并不能成为商业模式选择的决定性因素。换而言之，商业模式设计和选择强调高管、高管团队及科层管理机制的作用，但这不等于否认公司内部的市场机制。1987~1995 年诺基亚公司商业模式转型的历史表明，只有强调了企业层面的“市场机制”，有竞争力的战略方案才能脱颖而出。

第二，微观环境、宏观环境与商业模式之间存在复杂的系统联结关系。高管团队关于创新议题的注意力焦点对于企业的创新战略决策固然重要，但更为重要的是高管团队所处的决策情境对企业创新战略的制定与实施的影响。从微观环境看，随着企业营利能力的提升，企业倾向于选择单一型商业模式；而随着企业创新能力的提升，企业倾向于选择混合型商业模式。从宏观环境看，市场竞争强度的提升使得企业倾向于选择混合型商业模式；随着社会科技进步水平的提升，企业倾向于选择混合型商业模式；而金融业融资环境优化会促使企业选择单一型商业模式。宏观产业政策倾向、合作伙伴的稳定程度对商业模式选择及其绩效影响的内在机理较为复杂，还有待于进一步探讨。

可以这样说，单一型商业模式虽然是商业模式设计的起源，但混合型商业模式却并非商业模式演化的必然取向。究竟是凭借“一招鲜”还是“组合拳”，需要结合企业经营的微、宏观环境具体分析。在微观环境、宏观环境等的综合作用下，企业商业模式的选择可能存在或然性，在创新过程中随时会有新的模式出现。商业模式究竟是企业在创业之初就已构思了还是随着创业活动的展开才逐步形成的则值得探讨。商业模式的演变和企业家对公司规模和增长的愿望之间缺乏显著的一致性。

第三，对于某一特定企业而言，企业生命周期、经营年限等与商业模式选择密切相关。在企业发展的初期阶段，具有较强营利能力的企业通常拥有稳定的供应链和客户群体及较大的成本领先，这些稳定性因素通常不利于催生商业模式的变革，企业倾向于选择“一招鲜”——单一型商业模式。而随着企业技术创新能力的继续提升及其向成熟阶段迈进，多元化战略要求企业平衡新老两种产品和多个市场，单一型商业模式的刚性逐渐被打破，“组合拳”——混合型商业模式开始成为企业竞争的“不二法宝”。而对于同一时期的不同企业而言，经营年限较长的企业采用混合型商业模式相比单一型商业模式更容易获得更高水平的企业绩效。当企业经营年限短时，单一型商业模式相比混合型商业模式更容易获得更高水平的绩效。这一发现与 Markides 和 Charitou（2004）的研究基本一致。Markides 和 Charitou（2004）指出，企业采用混合型商业模式是产业竞争的产物。在位企业通常将采用新商业模式的新加入者视为“坏”的竞争者，因此会尽力阻挠潜在进入者的进入，或是向新进入者发起猛烈进攻。因此，对于有些新进入者而言，既需要采取与在位企业相同的商业模式以争夺原有市场，同时又需要采用新模式以缓解竞争程度。因此，兼具新老两种商业模式，通常是新进入者缓解在位企业进攻的必然选择。新模式可能风险很大，老模式的好处在于收入稳定；两种模式可以交叉互补。总之，处于生命周期的成熟阶段、经营年限较长的企业更倾向于采用混合型商业模式。

需要指出，本章将高管视为企业商业模式设计和选择的主体，但理论研究和实践观察中均有反例。例如，有学者认为，商业模式设计和应用的主体既可能是企业高管，也有可能是咨询公司的专业设计师。Volkova 和 Jakobsone（2013）在对拉脱维亚和爱沙尼亚制造企业的商业模式创新进行对比研究后发现，在爱沙尼亚，企业高管和专业设计人员的互动占据主流，而在拉脱维亚，企业管理者主导商业模式设计，且注重短期业务解决方案和成本降低两个目标。为此，未来应进一步将非高管主导的商业模式选择考虑在内开展整合研究。此外，为规避样本量相对较小和一手资料调查的相关缺陷，未来可考虑使用中国工业企业数据库数据，开展基于二手资料的大样本实证研究。

第9章 研究结论

当今时代，传统经济运行中的产品、业务流程、交易市场和竞争角色都在深刻变化，新的商业模式和管理方式层出不穷（Loebbecke and Picot，2015）。作为产品创新、工艺创新的替代或补充（Amit and Zott, 2012），商业模式创新已被视为企业最重要的战略任务（Mezger, 2014）。商业模式创新不仅比产品创新和技术创新成本低，若以系统方式加以处理，其操作性也可获得显著提升（Girotra and Netessine, 2011）。商业模式创新已经成为企业创新体系的重要组成部分。

从政府层面看，商业模式及其创新已经成为我国政府推进产业与企业改革的重要抓手。国务院、国务院办公厅发布的各类规划、通知、意见等高度重视商业模式及其创新在国民经济发展中的作用。截至 2017 年 7 月 31 日，涉及商业模式内容的国发或国办发文件共有 92 个，其中提到商业模式 131 次，提到商业模式创新 76 次。

从产业尤其是制造业发展看，全球制造业格局面临重大调整。我国制造业转型升级、创新发展迎来重大机遇。新一代信息技术与制造业深度融合，正在引发影响深远的产业变革，形成新的生产方式、产业形态、商业模式和经济增长点。制造企业的创新发展与移动互联网、云计算、大数据、生物工程、新能源、新材料发生着更为密切的联系。因此应加快制造与服务的协同发展，推动商业模式创新和业态创新，重塑产业价值链体系，不断拓展制造业新领域，促使生产型制造向服务型制造转变。此外，创新制造企业商业模式还要放眼全球，坚持政府推动、企业主导，鼓励高端装备、先进技术、优势产能向境外转移，推动产业合作由加工制造环节为主向合作研发、联合设计、市场营销、品牌培育等高端环节延伸，提高国际合作水平。

注重企业运营的整体性与系统性，运用系统理论及相关分析工具来研究商业模式创新活动，是近年来商业模式创新研究的新趋势。Casadesus-Masanell 和 Ricart（2007）、Zott 和 Amit（2009b）从系统动力角度研究商业模式的定义、创新过程及绩效评估等问题，指出商业模式在内容上由选择和结果构成，在本质上表现为一种选择到结果的因果关系；商业模式的创新过程，就是企业与竞争对手、辅助组织、环境的共同演进过程。商业模式创新并不是单个企业的孤立活动，要求企业必须与外部环境及其他企业的商业模式保持互动，通过商业模式创新来适应环境要求及创造生存机会。因此，企业应当重视外部环境的变化，注意利用外部资源，处理好与其他企业的竞争与合作关系（刁玉柱和白景坤，2012）。

本书聚焦我国制造业商业模式创新的典型案例与最佳实践，试图构建商业模式创新系统的要素、行为与架构，厘清商业模式创新的系统机理，设计出商业模式创新的路径，并采用实证研究方法探讨“技术–管理”双核视角下的商业模式创新、系统动力作用下制造企业弯道超车，以及高管特质、商业模式选择与企业绩效等问题。

本书采用文献计量软件 CiteSpace，对 SSCI 数据库中商业模式及其创新领域相关研究成果进行科学计量研究。通过绘制该领域研究的科学知识图谱，厘清商业模式创新研究的热点论题和前沿演进。研究发现，自 2006 年 Yin 的经典著作 *Case Study Research Design* 突现算起，近十年来，商业模式创新的研究前沿已经从关注方法论、竞争战略和竞争优势、外部环境和内部资源，逐渐过渡到 2013~2016 年创新机理、方法和路径领域的研究。核心观点可以归纳为以下五点。第一，商业模式创新在企业创新体系中的重要性日益凸显。从被引文献的聚类图示看，直接将商业模式创新作为研究对象的成果为最大聚类（即 0#聚类）。这说明，不仅商业模式已经成为学界研究新的分析单位（Zott et al.，2011），而且商业模式创新作为企业创新系统的一种表现形式也已经被学界广为接受，商业模式创新已经成为企业创新研究的常用视角。Teece、Amit 和 Zott、Chesbrough、Osterwalder 和 Pigneur 等的成果为商业模式创新领域的高被引文献，Sánchez 和 Ricart、Wu 等、Sosna 等、Trimi 和 Berbegal-Mirabent 等的成果为该领域的活跃施引文献。第二，技术管理与商业模式及其创新联系密切。商业模式创新通常由技术创新致使（Teece，2010），随着新技术的发展和不确定性的提高，挑战主导产业逻辑和重塑价值链的破坏性商业模式创新的出现就成为必然（Sabatier et al.，2012）。但研究者也同时发现，对某一特定企业而言，技术并非是驱动商业模式创新的唯一因素，甚至不是最重要的因素。技术变化并不总是触发或需要重塑商业模式（Teece，2010），技术创新并不自动、必然导向商业模式创新；对某一技术的过度依赖甚至是可持续创新的重要障碍（Lee and Kim，2007）。单纯的技术变革并不能解决问题，聚焦商业模式惯性、推进商业模式创新才是技术变革发挥作用的基础。第三，商业模式研究起源于电子商务活动，因此电子商务领域的企业运营行为也是商业模式创新研究的重点内容。第四，法律相关研究是商业模式创新的重点关注内容之一。研究内容主要涉及知识产权保护与技术创新、商业模式创新之间的关系。第五，商业模式创新是驱动企业竞争优势生成和获取的重要力量。Eisenhardt 和 Martin（2000）重视从企业动态能力构建中提炼最佳商业实践，从而为商业模式创新奠定了理论基础，指明了研究道路。从活跃施引文献看，研究深入企业内部，主要从熊彼特创新和企业家精神视角研究如何推动企业商业模式创新，进而获取竞争优势。

注重企业运营的整体性与系统性，运用系统理论及相关分析工具来研究商业模式创新活动，是近年来商业模式创新研究的新趋势。Casadesus-Masanell 和 Ricart（2007）、Zott 和 Amit（2009b）从系统动力角度研究商业模式的定义、创新过程及绩效评估等问题，指出商业模式在内容上由选择和结果构成，在本质上表现为一种从选择到结果的因果关系；商业模式的创新过程，就是企业与竞争对手、辅助组织、环境的共同演进过程。本书从静态要素、动态行为和系统架构三个层面研究商业模式创新的机理和过程。研究发现，就静态要素而言，商业模式及其创新与战略管理、技术、知识产权和其他价值链要素有着密切联系。就创新行为及其演化而言，必须打破商业模式的惯性，从动态能力审视企业商业模式创新，对其要件或结构（角色、参数）进行修改，不断地变革其商业模式以适应行业竞争和产品生命周期（Demil and Lecocq，2009；Basile and Faraci，2015；Chiou，2011；Sosna et al.，2010），强调商业模式创新中的试错学习（Sosna et al.，2010）。此外，对于企业而言，商业模式固然重要，但单纯“设计”还远远不够，一旦模式确立并得以应用，模式惰性将会导致创新极为困难；而且商业模式的各种要素也非常容易被对手模仿，实践中，成功的商业模式经常被多个竞争对手所分享，因此保持该模式的持续性同样重要（Teece，2010）。就商业模式创新的系统架构而言，大多学者认为，企业要创新其商业模式，一个重要的机制就是与外部建立共同发展关系。为了维系这一关系，每一企业必须首先明确自身的经营目标，并调整其商业模式使之与合作伙伴相契合；从企业间关系而非自身角度来审视某一资源或能力的重要性（Chesbrough and Schwartz，2007；de Reuver et al.，2009），同时考虑与市场互动的成本（Fiet and Patel，2008）。外部竞争环境在推动商业模式创新中起着决定性作用；如果商业模式不适应竞争环境，那么再先进的技术和产品、优秀的人才和管理、卓越的领导力等也不能导致企业获得持续成功（Teece，2010）。当然，也有部分学者认为，外部因素对商业模式创新的影响并不显著。更多学者无意比较企业内、外部要素在商业模式创新中的作用孰轻孰重，更倾向于将这些要素设计成一个网络化的商业模式，从而为学者和实践人员规划和开发出商业模式创新的概念模型（Palo and Tähtinen，2011）。利益相关者理论为商业模式创新的系统架构提供了理论基础。研究者认为，商业模式设计问题应该超越产品和内部运作流程或者流程间的关系，考虑网络和市场领域中的力量，探讨企业与利益相关者的共生与依存关系（Stubbs and Cocklin，2008；Ferreira et al.，2013；Bowyer and Chapman，2014）。

商业模式创新系统内部存在着多条首尾相顾、互相交织的因果关系链，正是内化于这些因果关系链中的因果联结机制使企业的商业模式创新活动成为一个逻辑自洽、循环往复的系统过程。找出并描述这些因果关系与传导机理属于 Yin 强调的“为什么”及“怎么办”领域的研究。因此，本书借助系统思考的理论与方法，在行业内部采取逐项复制原则、跨行业采取差别复制原则开展多案例研究，拟对存在于案例及其背后内在逻辑中的各种关系进行辨析，揭示商业模式创新驱动因素与价值活动之间的因果联结机制，并对引起创新发生的触发动因与实现模式进行研究，最终使商业模式创新的内在机理不断涌现。主要得出以下五点结论。第一，企业商业模式创新的本质是价值系统创新。企业战略分析、创新要素利用、收入模式设计构成商业模式创新的三大模块，分别决定了企业的价值来源、价值创造及价值实现方式。案例研究表明，投资模式对商业模式创新系统的良性循环起着重要作用。究其原因，主要是已有研究忽视商业模式创新的系统性，这也进一步佐证了坚持商业模式创新系统思考的必要性。可以看出，投资模式是保证企业商业模式持续创新的重要因素，是连接收入模式与企业战略、创新要素的重要纽带。第二，商业模式创新系统内部存在着多条首尾相顾、互相交织的因果关系链，它们决定了商业模式创新的触发动因、内在机理及实现方式。正是内化于这些因果关系链中的因果联结机制使商业模式创新成为一个逻辑自洽、循环往复的系统过程，而并非线性、单向的运作过程。但商业模式创新并非是企业经营的必然存在，只有因果联结机制被某种或某几种初始创新活动触发或改变，商业模式创新才能顺利进行。由此可以得出商业模式创新的两大路径或两种方式：一种是因果联结机制架构合理，只要初始活动介入触发该机制，商业模式创新便可实现。另一种是因果联结机制本身存在问题，因此必须首先对其进行重新设计，同时寻求触发该机制的初始活动。第三，本书构建的因果回路图显示，触发或改变因果联结机制的初始创新活动可能是系统的一个“悬摆”，只作为触发动因而存在，不进入系统循环过程，但也有可能进入系统内部，既是触发动因，同时又是引致结果。这就要求创新推手在推动商业模式创新时，既要关注系统之外创新环境或驱动要素的影响，同时又要注意深入价值系统内部，寻找可以决定商业模式属性与商业模式创新取向的关键节点，将其作为驱动创新的初始活动。第四，商业模式创新并不是单个企业的孤立活动，企业必须与外部环境及其他企业的商业模式保持互动，通过商业模式创新来适应环境要求及创造生存机会。因此，企业应当重视外部环境的变化，注意利用外部资源，处理好与其他企业的竞争与合作关系。第五，本书关于商业模式创新机理的分析还为企业商业模式创新实践提供了指导。在商业模式创新中，战略规划及其执行缺一不可。企业只有综合考虑初始活动、蕴藏于企业活动中的因果联结机制及外部环境的要求，才能制定一个合适的商业模式创新技术路线图。商业模式创新并不是某个企业自身或企业某个部门的事情，任何试图通过企业某一部门在某个时点（或时间段）实施某一活动就能实现企业商业模式创新的做法都是徒劳的。

学界一般基于创新轨迹、战略规划工具、启发式逻辑、市场竞争手段来研究商业模式，在创新实施过程中遵循商业模式先设计后实施这一线性规律。本书认为，在系统动力机制的作用下，商业模式创新过程会表现出明显的阶段性。因此可以通过对商业模式属性差异与阶段性特征的把握，建立商业模式创新路径的“目标池”，继而基于管理创新过程提炼总结企业家视角下商业模式创新的技术路线图。研究发现，作为管理创新的一部分，商业模式的创新推手主要是由企业家来承担的。商业模式创新大致可以分为机会识别、设计规划、事前评估、选择实施、事后评估、改进发展等步骤。

商业模式创新是企业内部价值活动回应外界环境变化的结果；商业模式创新与技术创新、管理创新有着密切联系（吴晓波等，2013；姚明明等，2014）。本书以海尔集团“倒逼”体系的提出与运作过程为案例，对企业技术创新与管理创新耦合发展的内在机理进行了探索性案例研究。研究发现，海尔“倒逼”体系是典型的企业技术创新与管理创新的耦合体，该体系是海尔创新体系发展到一定阶段的产物。对海尔前端创新的过程研究表明，技术创新与管理创新在过程上相互缠绕，其构成要素也已经很难单独析出。在海尔“倒逼”体系中，“人单合一双赢”管理模式、自主经营体加之由此带来的“倒三角”与模块化的组织结构，以及海尔独具特色的企业文化，都是深刻影响该体系有效运作的内部环境因素，而外界环境的动态复杂性也对创新耦合绩效产生重要影响。值得强调的是，尽管本书强调耦合是技术创新与管理创新二者之间的互动、协同与促进，但就海尔案例来看，耦合首先是企业对其企业战略目标主观设计后带来的系统结果。或者说，正是战略目标的重新定位启动了企业发展某一阶段技术创新与管理创新的耦合进程。本书还发现，商业模式创新是企业技术创新与管理创新耦合发展的必然结果。

国内外企业实践表明,商业模式创新是后发地区企业赶超领先企业、实现弯道超车的有效方式之一。本书通过对国内外商业模式创新的文献分析,结合沂蒙老区制造业企业商业模式创新的典型案例与成功实践，利用规范的案例研究方法，研究了系统动力作用下企业依靠商业模式创新实现弯道超车的具体路径。对于像沂蒙老区这样的东部欠发达地区而言，要想发挥后发优势、实现经济赶超，商业模式创新是关键；各级政府推动是企业商业模式创新的重要外部驱动力量，只有恰当发挥地市政府力量，利用好国家支持沂蒙老区发展的各项政策,才能从根本上改变沂蒙老区“落后—输血—再落后—再输血”的恶性循环。

与一般员工相比,高管有责任将消费者需求和新市场机遇与科学、技术和商业灵感相连接（Esslinger，2011），从而主导商业模式的创新取向、组织变革和效果评估（Demil and Lecocq，2009；Chesbrough and Rosenbloom，2002；Chesbrough，2010）。尤其对于那些复杂的商业模式来说，更需要提升管理者在动态决策、建立总体愿景和战略目标、多层次互动学习、冲突管理上的管理能力（Smith et al.，2010）。本书选取高管特质、商业模式类型和企业绩效等指标，构建统计模型进行分析。研究发现以下几点结论。第一，高管两职合一、年龄小，倾向于设计出单一型商业模式，反之，倾向于设计出混合型商业模式。企业内部文化异质性的增强使企业倾向于选择混合型商业模式，管理团队的文化异质性有利于顶层设计的多样性，多元文化共荣共生更容易催发商业模式创新。随着市场竞争强度的提升，企业倾向于选择混合型商业模式。第二，对于某一特定企业而言，企业生命周期与商业模式选择密切相关。在企业发展的初期阶段，具有较强营利能力的企业通常拥有稳定的供应链和客户群体及较大的成本领先优势，这些稳定性因素通常不利于催生商业模式的变革，使企业倾向于选择单一型商业模式。而随着企业创新能力的继续提升及其向成熟阶段迈进，多元化战略要求企业平衡新老两种产品和多个市场，单一型商业模式的刚性逐渐被打破，混合型商业模式开始成为企业竞争的"不二法宝"。第三，对于同一时期的不同企业而言，经营年限较长的企业采用混合型商业模式相比单一型商业模式更容易获得更高水平的企业绩效。当企业经营年限短时单一型商业模式相比混合型商业模式更容易获得更高水平的绩效。第四，随着社会科技水平的提升，企业倾向于选择混合型商业模式；融资环境优化会促使企业选择单一型商业模式。而产业支持政策、合作伙伴稳定性对商业模式选择及其绩效影响的内在机理较为复杂，还有待于进一步探讨。此外，商业模式强调设计者管理创新的作用，但这不等于否认公司内部的市场机制；商业模式设计也不是一成不变的，成功的商业模式创新具有或然性，不能被计划。

参 考 文 献

陈春花，乐国林，曹洲涛. 2016. 中国领先企业管理思想研究[M]. 北京：机械工业出版社.

陈春花，徐亮. 2004. 职业经理人的市场化程度与企业核心能力的关系[J]. 科技管理研究，(3)：88-90.

陈春花，赵曙明，赵海然. 2016. 领先之道[M]. 北京：机械工业出版社.

陈春花. 2008. 中国本土行业领先企业成功模型[J]. 管理学报，5(3)：330-335.

陈春花. 2009. 中国领先企业的管理方式研究——中国理念西方标准[J]. 华南理工大学学报(社会科学版)，11(2)：43-46.

陈劲，方琴. 2006. 企业战略与技术创新决策：创造商业价值的战略和能力[M]. 北京：知识产权出版社.

陈劲，王方瑞. 2005. 突破全面创新：技术和市场协同创新管理研究[J]. 科学学研究，23(Suppl)：249-254.

陈悦，陈超美，刘则渊，等. 2015. CiteSpace 知识图谱的方法论功能[J]. 科学学研究，33(2)：242-253.

迟梦筠，龚勤林. 2015. 基于创新驱动的后发地区战略性新兴产业发展[J]. 贵州社会科学，(5)：137-140.

戴天婧，汤谷良，彭家钧. 2012. 企业动态能力提升、组织结构倒置与新型管理控制系统嵌入——基于海尔集团自主经营体探索型案例研究[J]. 中国工业经济，(2)：128-138.

刁玉柱，白景坤. 2012. 商业模式创新的机理分析：一个系统思考框架[J]. 管理学报，9(1)：71-81.

高闯，关鑫. 2006. 企业商业模式创新的实现方式与演进机理—— 一种基于价值链创新的理论解释[J]. 中国工业经济，（11）：83-90.

关鑫，高闯. 2008. 社会资本视角下的企业商业模式创新机理研究[C]. 第三届（2008）中国管理学年会——创业与中小企业管理分会场，中国湖南长沙.

郭毅夫，赵晓康. 2009. 商业模式创新与竞争优势：基于资源基础论视角的诠释[J]. 理论导刊，（3）：69-71.

黄群慧，张艳丽. 1997. 企业制度创新、技术创新及管理创新的关系[J]. 改革，（5）：74-79.

江诗松，龚丽敏，魏江. 2011. 转型经济中后发企业的创新能力追赶路径：国有企业和民营企业的双城故事[J]. 管理世界，（12）：96-115.

江诗松，龚丽敏，魏江. 2012. 后发企业能力追赶研究探析与展望[J]. 外国经济与管理，34（3）：57-64.

乐国林，陈春花，毛淑珍，等. 2016. 基于中国本土领先企业管理实践研究的4P 方法论探索[J]. 管理学报，13（12）：1766-1774.

乐国林，陈春花. 2014. "和、变、用"管理思想与领先企业实践的探索性研究[J]. 管理学报，11（7）：944-952.

黎峰. 2016. 增加值视角下的中国国家价值链分工——基于改进的区域投入产出模型[J]. 中国工业经济，（3）：52-67.

李东，王翔. 2006. 基于 Meta 方法的商业模式结构与创新路径[J]. 大连理工大学学报（社会科学版），27（3）：7-12.

李飞，陈浩，曹鸿星，等. 2010. 中国百货商店如何进行服务创新——基于北京当代商城的案例研究[J]. 管理世界，（2）：114-126.

李召敏，苏敬勤，吕一博. 2012. 理性视角下管理创新研究述评[J]. 管理学报，9（4）：615-620.

李梓房，吕峻. 2007. 商业模式与知识结构——对 IT 跨国企业的案例分析[J]. 浙江学刊，（1）：166-171.

林忠，鞠蕾，陈丽. 2013. 工作—家庭冲突研究与中国议题：视角、内容和设计[J]. 管理世界，（9）：154-171.

刘秀生，齐中英. 2006. 管理创新对技术创新匹配的研究进展[J]. 哈尔滨工业大学学报（社会科学版），8（5）：113-118.

刘洋，魏江，江诗松. 2013. 后发企业如何进行创新追赶？——研发网络边界拓展的视角[J]. 管理世界，（3）：96-110.

刘志彪，张杰. 2009. 从融入全球价值链到构建国家价值链：中国产业升级的战略思考[J]. 学术月刊，41（9）：59-68.

刘志彪. 2011. 重构国家价值链：转变中国制造业发展方式的思考[J]. 世界经济与政治论坛，（4）：1-14.

卢中华. 2014. 国家农业科技创新系统研究[M]. 西安：西安交通大学出版社.

罗珉，曾涛，周思伟. 2005. 企业商业模式创新：基于租金理论的解释[J]. 中国工业经济，（7）：73-81.

罗斯托 W W. 1962. 经济成长的阶段[M]. 国际关系研究所编译室译. 北京：商务印书馆.

毛武兴，陈劲，王毅. 2006. 动态环境中企业核心技术能力的演化过程研究——以朗讯科技与华为技术的技术能力演变为例[J]. 管理工程学报，20（1）：124-129.

欧阳桃花，蔚剑枫. 2011. 研发-营销界面市场协同机制研究："海尔"案例[J]. 管理学报，8（1）：12-18.

欧阳桃花，周云杰. 2008. 中国企业产品创新管理模式研究（三）——以海尔产品经理为案例[J]. 管理世界，（2）：136-147.

欧阳桃花. 2007. 中国企业产品创新管理模式研究（二）——以海尔模块经理为例[J]. 管理世界，（10）：130-138.

潘黎，侯剑华. 2012. 国际高等教育研究的热点主题和研究前沿——基于 8 种 SSCI 高等教育学期刊 2000—2011 年文献共被引网络图谱的分析[J]. 教育研究，（6）：136-143.

邱国栋，白景坤. 2007. 价值生成分析：一个协同效应的理论框架[J]. 中国工业经济，（6）：88-95.

圣吉 P. 2003. 第五项修炼：学习型组织的艺术与实务[M]. 郭进隆译. 上海：上海三联书店.

苏敬勤，崔淼. 2010. 核心技术创新与管理创新的适配演化[J]. 管理科学，23（1）：27-37.

苏敬勤，崔淼. 2011. 试论外部取向管理创新模式生成机理的研究框架[J]. 管理学报，8（5）：698-705.

苏敬勤，李召敏，吕一博. 2011. 管理创新过程的关键影响因素探析：理性视角[J]. 管理学报，8（8）：1174-1182.

苏敬勤，林海芬. 2010. 管理创新研究视角评述及展望[J]. 管理学报，7（9）：1343-1349，1357.

苏敬勤，刘静. 2012. 多元化战略影响因素的三棱锥模型——基于制造企业的多案例研究[J]. 科学学与科学技术管理，33（1）：148-155.

陶锋. 2011. 吸收能力、价值链类型与创新绩效——基于国际代工联盟知识溢出的视角[J]. 中国工业经济，（1）：140-150.

王晓明，谭杨，李仕明，等. 2010. 基于“要素-结构-功能”的企业商业模式研究[J]. 管理学报，7（7）：976-981.

王鑫鑫，王宗军. 2009. 国外商业模式创新研究综述[J]. 外国经济与管理，31（12）：33-38.

王阅，谷丽丽，陈刚. 2009. 基于供应链管理的商业模式创新研究[J]. 现代管理科学，（1）：47-48，51.

温忠麟，侯杰泰，张雷. 2005. 调节效应与中介效应的比较和应用[J]. 心理学报，37（2）：268-274.

吴晓波，朱培忠，吴东，等. 2013. 后发者如何实现快速追赶？——一个二次商业模式创新和技术创新的共演模型[J]. 科学学研究，31（11）：1726-1735.

夏先良. 2003. 中国企业从 OEM 升级到 OBM 的商业模式抉择[J]. 财贸经济，（9）：64-69.

辛冲. 2010. 组织创新的动态演化模型构建与实证研究[J]. 科学学与科学技术管理，（9）：97-103.

邢军. 2001. 企业“钝化”现象及其突破——技术创新与管理创新的整合[J]. 中国软科学，（7）：72-74.

熊彼特 J A. 2009. 经济发展理论：对利润、资本、信贷、利息和经济周期的探究[M]. 叶华译. 北京：中国社会科学出版社.

徐迪，李煊. 2010. 商务模式创新复杂性研究的计算实验方法[J]. 管理科学学报，13（11）：12-19.

许庆瑞. 2007. 全面创新管理：理论与实践[M]. 北京：科学出版社.

姚明明，吴晓波，石涌江，等. 2014. 技术追赶视角下商业模式设计与技术创新战略的匹配——一个多案例研究[J]. 管理世界，（10）：149-162.

殷 R K. 2004. 案例研究：设计与方法[M]. 周海涛，李永贤，张蘅译. 重庆：重庆大学出版社.

尹生. 2009. 智利模式的中国极[J]. 21 世纪商业评论，（3）：86-87.

应瑛，刘洋. 2015. 后发企业追赶理论：描述、引用与共词分析[J]. 科研管理，36（11）：11-20.

原磊. 2007. 商业模式体系重构[J]. 中国工业经济，（6）：70-79.

韵江，刘立. 2006. 创新变迁与能力演化：企业自主创新战略——以中国路明集团为案例[J]. 管理世界，（12）：115-130.

张成，朱淑颖. 2009. 我国企业技术创新能力分析——基于工业部门面板数据及 DEA 的实证研究[J]. 经济论坛，（23）：31-35.

张瑞敏. 1999. 创新——海尔文化 de 灵魂[J]. 中国民营科技与经济，（11）：10-13.

张首魁，党兴华，李莉. 2006. 松散耦合系统：技术创新网络组织结构研究[J]. 中国软科学，（9）：122-129.

张晓玲，罗倩. 2011. 商业模式中客户价值主张生成的典型类型、障碍研究[J]. 东南大学学报（哲学社会科学版），13（2）：58-63.

赵晶，关鑫，仝允桓. 2007. 面向低收入群体的商业模式创新[J]. 中国工业经济，（10）：5-12.

赵晶. 2010. 企业社会资本与面向低收入群体的资源开发型商业模式创新[J]. 中国软科学，（4）：116-123，163.

曾萍，刘洋，应瑛. 2015. 转型经济背景下后发企业创新追赶路径研究综述——技术创新抑或商业模式创新？[J]. 研究与发展管理，27（3）：1-7.

Abramowicz M. 2011. Orphan business models：toward a new form of intellectual property[J]. Harvard Law Review，124（6）：1362-1421.

Afuah A，Tucci C L. 2001. Internet Business Models and Strategies：Text and Cases[M]. New York：McGraw-Hill.

Afuah A. 2004. Does a focal firm's technology entry timing depend on the impact of the technology on co-opetitors？[J]. Research Policy，33（8）：1231-1246.

Aiken M，Bacharach S B，French J L. 1980. Organizational structure，work process， and proposal making in administrative bureaucracies[J]. Academy of Management Journal，23（4）：631-652.

Amit R，Zott C. 2001. Value creation in e-business[J]. Strategic Management Journal，22（6~7）：493-520.

Amit R，Zott C. 2012. Creating value through business model innovation[J]. MIT Sloan Management Review，53（3）：41-49.

Anderson J，Kupp M. 2008. Serving the poor：drivers of business model innovation in mobile[J]. Info，10（1）：5-12.

Andersson T，Lee E，Theodosopoulos G，et al. 2014. Accounting for the financialized UK and US national business model[J]. Critical Perspectives on Accounting，25（1SI）：78-91.

Andries P，Debackere K. 2013. Business model innovation：propositions on the appropriateness of different learning approaches[J]. Creativity and Innovation Management，22（4）：337-358.

Ashwell H，Barclay L. 2010. Challenges to achieving sustainable community health development within a donor aid business model[J]. Australian and New Zealand Journal of Public Health，34（3）：320-325.

Aspara J，Lamberg J，Laukia A，et al. 2011. Strategic management of business model transformation：lessons from Nokia[J]. Management Decision，49（4）：622-647.

Aspara J，Lamberg J，Laukia A，et al. 2013. Corporate business model transformation and inter-organizational cognition：the case of Nokia[J]. Long Range Planning，46（6SI）：459-474.

Auer C，Follack M. 2002. Using action research for gaining competitive advantage out of the internet's impact on existing business models[C]. Proceedings of the 15th Bled Electronic Commerce Conference Reality：Constructing the Economy.

Baden-Fuller C，Haefliger S. 2013. Business models and technological innovation[J]. Long Range Planning，46（6SI）：419-426.

Baden-Fuller C，Mangematin V. 2013. Business models：a challenging agenda[J]. Strategic Organization，11（4）：418-427.

Bakos J Y. 1991. A strategic analysis of electronic marketplaces[J]. MIS Quarterly，

15（3）：295-310.

Barquet A P B，de Oliveira M G，Amigo C R，et al. 2013. Employing the business model concept to support the adoption of product-service systems（PSS）[J]. Industrial Marketing Management，42（5SI）：693-704.

Basile A，Faraci R. 2015. Aligning management model and business model in the management innovation perspective：the role of managerial dynamic capabilities in the organizational change[J]. Journal of Organizational Change Management，28（1）：43-58.

Bechtold S. 2003. The present and future of digital rights management—musings on emerging legal problems[C]//Becker E，Buhse W，Günnewig D，et al. Digital Rights Management：Technological，Economic，Legal and Political Aspects. Berlin：Springer Heidelberg：597-654.

Benson-Rea M，Brodie R J，Sima H. 2013. The plurality of co-existing business models：investigating the complexity of value drivers[J]. Industrial Marketing Management，42（5SI）：717-729.

Birkin F，Cashman A，Koh S C L，et al. 2009a. New sustainable business models in China[J]. Business Strategy and the Environment，18（1）：64-77.

Birkin F，Polesie T，Lewis L. 2009b. A new business model for sustainable development：an exploratory study using the theory of constraints in nordic organizations[J]. Business Strategy and the Environment，18（5）：277-290.

Birkinshaw J，Hamel G，Mol M J. 2008. Management innovation[J]. Academy of Management Review，33（4）：825-845.

Björkdahl J. 2009. Technology cross-fertilization and the business model：the case of integrating ICTs in mechanical engineering products[J]. Research Policy，38（9）：1468-1477.

Bock A J，Opsahl T，George G，et al. 2012. The effects of culture and structure on strategic flexibility during business model innovation[J]. Journal of Management Studies，49（2）：279-305.

Bocken N M P，Short S W，Rana P，et al. 2014. A literature and practice review to develop sustainable business model archetypes[J]. Journal of Cleaner Production，

65：42-56.

Bonaccorsi A，Giannangeli S，Rossi C. 2006. Entry strategies under competing standards：hybrid business models in the open source software industry[J]. Management Science，52（7）：1085-1098.

Bonazzi F L Z，Zilber M A. 2014. Innovation and business model：a case study about integration of innovation funnel and business model canvas[J]. RBGN：Revista Brasileira de Gestão de Negócios，16（53）：616-637.

Bonoma T V. 1985. Case research in marketing：opportunities，problems，and a process[J]. Journal of Marketing Research，22（2）：199-208.

Boons F，Lüdeke-Freund F. 2013. Business models for sustainable innovation：state-of-the-art and steps towards a research agenda[J]. Journal of Cleaner Production，45：9-19.

Bourreau M，Gensollen M，Moreau F. 2012. The impact of a radical innovation on business models：incremental adjustments or big bang?[J]. Industry and Innovation，19（5）：415-435.

Bowyer D，Chapman R L. 2014. Does privatisation drive innovation? Business model innovation through stakeholder viewpoints：the case of Sydney Airport 10 years post-privatisation[J]. Journal of Management & Organization，20（3）：365-386.

Brem A. 2008. The Boundaries of Innovation and Entrepreneurship：Conceptual Background and Essays on Selected Theoretical and Empirical Aspects[M]. Wiesbaden：Gabler Verlag.

Bucherer E，Eisert U，Gassmann O. 2012. Towards systematic business model innovation：lessons from product innovation management[J]. Creativity and Innovation Management，21（2）：183-198.

Burgess G H. 1989. Industrial Organization[M]. Englewood Cliffs：Prentice Hall.

Bustinza O F，Vendrell-Herrero F，Parry G，et al. 2013. Music business models and piracy[J]. Industrial Management & Data Systems，113（1）：4-22.

Büyüközkan G. 2004a. A success index to evaluate e-marketplaces[J]. Production Planning & Control，15（7）：761-774.

Büyüközkan G. 2004b. Multi-criteria decision making for e-marketplace selection[J]. Internet Research，14（2）：139-154.

Cagnina M R，Poian M. 2009. Beyond e-business models：the road to virtual worlds[J]. Electronic Commerce Research，9（1~2）：49-75.

Calia R C，Guerrini F M，Moura G L. 2007. Innovation networks：from technological development to business model reconfiguration[J]. Technovation，27（8）：426-432.

Campbell A. 1998. The agile enterprise：assessing the technology management issues[J]. International Journal of Technology Management，15（1）：82-95.

Carayannis E G，Sindakis S，Walter C. 2015. Business model innovation as lever of organizational sustainability[J]. Journal of Technology Transfer，40（1）：85-104.

Casadesus-Masanell R，Ricart J E. 2007. Competing through business models[C]. IESE Business School Working Paper，No. 713.

Casadesus-Masanell R，Ricart J E. 2010. From strategy to business models and onto tactics[J]. Long Range Planning，43（2~3SI）：195-215.

Casadesus-Masanell R，Tarziján J. 2012. When one business model isn't enough lan airlines flourishes by running three distinctly different operations at the same time[J]. Harvard Business Review，90（1~2）：132.

Casadesus-Masanell R，Zhu F. 2013. Business model innovation and competitive imitation：the case of sponsor-based business models[J]. Strategic Management Journal，34（4）：464-482.

Casani F，Rodriguez-Pomeda J，Sanchez F. 2012. New business models in the creative economy：emotions and social networks[J]. Universia Business Review，（33）：48-69.

Castano R. 2014. Towards a framework for business model innovation in health care delivery in developing countries[J]. BMC Medicine，12：233.

Cavalcante S，Kesting P，Ulhøi J. 2011. Business model dynamics and innovation：（re）establishing the missing linkages[J]. Management Decision，49（8）：1327-1342.

Cervilla M A，Puente R. 2013. Enterprise business models by and for the base of the pyramid[J]. Revista de Ciencias Sociales，19（2）：289-308.

Chesbrough H W. 2007a. Why companies should have open business models[J]. MIT Sloan Management Review，48（2）：22-28.

Chesbrough H W. 2007b. Business model innovation：it's not just about technology anymore[J]. Strategy & Leadership，35（6）：12-17.

Chesbrough H，Ahern S，Finn M，et al. 2006. Business models for technology in the developing world：the role of non-governmental organizations[J]. California Management Review，48（3）：48-61.

Chesbrough H，Rosenbloom R S. 2002. The role of the business model in capturing value from innovation：evidence from Xerox Corporation's technology spin-off companies[J]. Industrial and Corporate Change，11（3）：529-555.

Chesbrough H，Schwartz K. 2007. Innovating business models with co-development partnerships[J]. Research-Technology Management，50（1）：55-59.

Chesbrough H. 2010. Business model innovation：opportunities and barriers[J]. Long Range Planning，43（2~3）：354-363.

Chiou C. 2011. Dynamic capabilities，collaborative network and business model：an empirical analysis of Taiwan HTC corporation[J]. African Journal of Business Management，5（2）：294-305.

Chiu M，Kuo M，Kuo T. 2015. A systematic methodology to develop business model of a product service system[J]. International Journal of Industrial Engineering-Theory Applications and Practice，22（3）：369-381.

Christensen C M. 1997. The Innovator's Dilemma：When New Technologies Cause Great Firms to Fail[M]. Boston：Harvard Business School Press.

Christensen T B，Wells P，Cipcigan L. 2012. Can innovative business models overcome resistance to electric vehicles? Better place and battery electric cars in Denmark[J]. Energy Policy，48：498-505.

Chu P，Lee C，Yuen Y. 2011. Innovative business models in semiconductor foundry industry：from silicon intellectual property perspectives[J]. International Journal of Information Technology & Decision Making，10（3）：411-433.

Chung W W C，Yam A Y K，Chan M F S. 2004. Networked enterprise：a new business model for global sourcing[J]. International Journal of Production Economics，87（3）：267-280.

Clausen T H，Rasmussen E. 2013. Parallel business models and the innovativeness of research-based spin-off ventures[J]. The Journal of Technology Transfer，38（6）：836-849.

Copani G，Rosa P. 2015. DEMAT：sustainability assessment of new flexibility-oriented business models in the machine tools industry[J]. International Journal of Computer Integrated Manufacturing，28（4SI）：408-417.

Cucculelli M，Bettinelli C. 2015. Business models，intangibles and firm performance：evidence on corporate entrepreneurship from Italian manufacturing SMEs[J]. Small Business Economics，45（2SI）：329-350.

Čudanov M，Săvoiu G，Jaško O. 2012. New link in bioinformatics services value chain：position，organization and business model[J]. Amfiteatru Economic，14（6）：680-697.

Daas D，Hurkmans T，Overbeek S，et al. 2013. Developing a decision support system for business model design[J]. Electronic Markets，23（3）：251-265.

Daft R L. 1978. A dual-core model of organizational innovation[J]. Academy of Management Journal，21（2）：193-210.

Dahan N M，Doh J P，Oetzel J，et al. 2010. Corporate-NGO collaboration：co-creating new business models for developing markets[J]. Long Range Planning，43（2~3SI）：326-342.

Damanpour F，Evan W M. 1984. Organizational innovation and performance：the problem of "organizational lag"[J]. Administrative Science Quarterly，29（3）：392-409.

de Haro S P，Montpetit D. 2012. Surviving in times of turmoil：adaptation of the theatre les deux mondes business model[J]. International Journal of Arts Management，14（3）：16-31.

de Reuver M，Bouwman H，Haaker T. 2009. Mobile business models：organizational and financial design issues that matter[J]. Electronic Markets，19（1）：3-13.

Demil B，Lecocq X，Ricart J E，et al. 2015. Introduction to the SEJ special issue on business models : business models within the domain of strategic entrepreneurship[J]. Strategic Entrepreneurship Journal, 9（1SI）: 1-11.

Demil B, Lecocq X. 2009. Business models evolution: towards a dynamic consistency view of strategy[J]. Universia Business Review,（23）: 86-107.

Demil B, Lecocq X. 2010. Business model evolution: in search of dynamic consistency[J]. Long Range Planning, 43（2~3SI）: 227-246.

Desyllas P, Sako M. 2013. Profiting from business model innovation: evidence from pay-as-you-drive auto insurance[J]. Research Policy, 42（1）: 101-116.

Dijkman R M, Sprenkels B, Peeters T, et al. 2015. Business models for the internet of things[J]. International Journal of Information Management, 35（6）: 672-678.

Dmitriev V, Simmons G, Truong Y, et al. 2014. An exploration of business model development in the commercialization of technology innovations[J]. R&D Management, 44（3SI）: 306-321.

Dobusch L, Schüβler E. 2014. Copyright reform and business model innovation: regulatory propaganda at German music industry conferences[J]. Technological Forecasting and Social Change, 83: 24-39.

Doganova L, Eyquem-Renault M. 2009. What do business models do? Innovation devices in technology entrepreneurship[J]. Research Policy, 38（10）: 1559-1570.

Doz Y L, Kosonen M. 2010. Embedding strategic agility a leadership agenda for accelerating business model renewal[J]. Long Range Planning, 43（2~3SI）: 370-382.

Drozdová M. 2008. New business model of educational institutions[J]. E&M Ekonomie a Management, 11（1）: 60-68.

Dubosson-Torbay M, Osterwalder A, Pigneur Y. 2002. E-business model design, classification, and measurements[J]. Thunderbird International Business Review, 44（1）: 5-23.

Duran-Encalada J A, Paucar-Caceres A. 2012. A system dynamics sustainable business model for Petroleos Mexicanos（Pemex）: case based on the Global Reporting Initiative[J]. Journal of the Operational Research Society, 63（8）:

1065-1078.

Dyer J H, Singh H. 1998. The relational view: cooperative strategy and sources of interorganizational competitive advange[J]. Academy of Management Review, 23（4）: 660-679.

Eisenhardt K M, Graebner M E. 2007. Theory building from cases: opportunities and challenges[J]. Academy of Management Journal, 50（1）: 25-32.

Eisenhardt K M, Martin J A. 2000. Dynamic capabilities: what are they? [J]. Strategic Management Journal, 21（10~11SI）: 1105-1121.

Eisenhardt K M. 1989. Building theories from case study research[J]. Academy of Management Review, 14（4）: 532-550.

Enzmann D R, Schomer D F. 2013. Analysis of radiology business models[J]. Journal of the American College of Radiology, 10（3）: 175-180.

Esslinger H. 2011. Sustainable design: beyond the innovation-driven business model[J]. Journal of Product Innovation Management, 28（3）: 401-404.

Euchner J, Ganguly A. 2014. Business model innovation in practice[J]. Research-Technology Management, 57（6）: 33-39.

Ferreira F N H, Proenca J F, Spencer R, et al. 2013. The transition from products to solutions: external business model fit and dynamics[J]. Industrial Marketing Management, 42（7SI）: 1093-1101.

Fiet J O, Patel P C. 2008. Forgiving business models for new ventures[J]. Entrepreneurship Theory and Practice, 32（4）: 749-761.

Froud J, Johal S, Leaver A, et al. 2009. Stressed by choice: a business model analysis of the BBC[J]. British Journal of Management, 20（2）: 252-264.

Gallivan M J. 2001. Organizational adoption and assimilation of complex technological innovations: development and application of a new framework[J]. ACM Sigmis Database, 32（3）: 51-85.

Gambardella A, McGahan A M. 2010. Business-model innovation: general purpose technologies and their implications for industry structure[J]. Long Range Planning, 43（2~3SI）: 262-271.

Gatignon H, Tushman M L, Smith W, et al. 2002. A structural approach to assessing innovation : construct development of innovation locus , type , and characteristics[J]. Management Science, 48（9）: 1103-1122.

Gebauer H, Saul C J. 2014. Business model innovation in the water sector in developing countries[J]. Science of the Total Environment, 488~489（1）: 512-520.

George G, Bock A J. 2011. The business model in practice and its implications for entrepreneurship research[J]. Entrepreneurship Theory and Practice, 35（1）: 83-111.

Gerasymenko V, de Clercq D, Sapienza H J. 2015. Changing the business model: effects of venture capital firms and outside CEOs on portfolio company performance[J]. Strategic Entrepreneurship Journal, 9（1SI）: 79-98.

Gereffi G, Frederick S. 2010. The global apparel value chain, trade and the crisis: challenges and opportunities for developing countries[R]. Policy Research Working Paper.

Ghezzi A, Cavallaro A, Rangone A, et al. 2015. On business models, resources and exogenous（dis）continuous innovation: evidences from the mobile applications industry[J]. International Journal of Technology Management, 68（1~2）: 21-48.

Giesen E, Berman S J, Bell R, et al. 2007. Three ways to successfully innovate your business model[J]. Strategy & Leadership, 35（6）: 27-33.

Girotra K, Netessine S. 2011. How to build risk into your business model[J]. Harvard Business Review, 89（5）: 100-105.

Girotra K, Netessine S. 2013. Business model innovation for sustainability[J]. M&SOM- Manufacturing & Service Operations Management, 15（4SI）: 537-544.

Govindarajan V, Trimble C. 2011. The CEO's role in business model reinvention[J]. Harvard Business Review, 89（1~2SI）: 108-114.

Guo H, Zhao J, Tang J. 2013. The role of top managers' human and social capital in business model innovation[J]. Chinese Management Studies, 7（3）: 447-469.

Gupta S, Woodside A. 2006. Advancing theory of new B-to-B relationships: examining network participants' interpretations of e-intermediary innovation, diffusion, and adoption processes[J]. Journal of Business-to-Business Marketing,

13（4）：1-27.

Habtay S R. 2012. A firm-level analysis on the relative difference between technology-driven and market-driven disruptive business model innovations[J]. Creativity and Innovation Management，21（3）：290-303.

Hacklin F，Wallnöfer M. 2012. The business model in the practice of strategic decision making：insights from a case study[J]. Management Decision，50（2）：166-188.

Hall J，Wagner M. 2012. Integrating sustainability into firms' processes：performance effects and the moderating role of business models and innovation[J]. Business Strategy and the Environment，21（3）：183-196.

Hayton J C，Kelley D J. 2006. A competency-based framework for promoting corporate entrepreneurship[J]. Human Resource Management，45（3SI）：407-427.

Hedman J，Kalling T. 2003. The business model concept：theoretical underpinnings and empirical illustrations[J]. European Journal of Information Systems，12（1）：49-59.

Hellström M，Tsvetkova A，Gustafsson M，et al. 2015. Collaboration mechanisms for business models in distributed energy ecosystems[J]. Journal of Cleaner Production，102：226-236.

Hienerth C，Keinz P，Lettl C. 2011. Exploring the nature and implementation process of user-centric business models[J]. Long Range Planning，44（5~6SI）：344-374.

Høgevold N M，Svensson G，Wagner B，et al. 2014. Sustainable business models：corporate reasons，economic effects，social boundaries，environmental actions and organizational challenges in sustainable business practices[J]. Baltic Journal of Management，9（3）：357-380.

Hu B. 2014. Linking business models with technological innovation performance through organizational learning[J]. European Management Journal，32（4）：587-595.

Huang H，Lai M，Kao M，et al. 2014. A team-learning framework for business model innovation in an emerging market[J]. Journal of Management & Organization，

20（1）：100-120.

Huang H，Lai M，Lin L，et al. 2013. Overcoming organizational inertia to strengthen business model innovation：an open innovation perspective[J]. Journal of Organizational Change Management，26（6）：977-1002.

Huarng K. 2013. A two-tier business model and its realization for entrepreneurship[J]. Journal of Business Research，66（10SI）：2102-2105.

Huelsbeck D P，Merchant K A，Sandino T. 2011. On testing business models[J]. The Accounting Review，86（5）：1631-1654.

Hughes J，Lang K R，Vragov R. 2008. An analytical framework for evaluating peer-to-peer business models[J]. Electronic Commerce Research and Applications，7（1）：105-118.

Hwang J，Christensen C M. 2008. Disruptive innovation in health care delivery：a framework for business-model innovation[J]. Health Affairs，27（5）：1329-1335.

Izquierdo-Castillo J. 2012. Online distribution of media content：analysis of 3 business models[J]. El Profesional de la Información，21（4）：385-390.

Jenkins H. 2006. Convergence Culture：Where Old and New Media Collide[M]. New York：New York University Press.

Jetter M，Satzger G，Neus A. 2009. Technological innovation and its impact on business model，organization and corporate culture—IBM's transformation into a globally integrated，service-oriented enterprise[J]. Business & Information Systems Engineering，1（1）：37-45.

Joha A，Janssen M. 2012. Design choices underlying the software as a service（SaaS）business model from the user perspective：exploring the fourth wave of outsourcing[J]. Journal of Universal Computer Science，18（11）：1501-1522.

Johnson M W，Christensen C M，Kagermann H. 2008. Reinventing your business model[J]. Harvard Business Review，86（12）：50-59.

Kähkönen A. 2012. Value net—a new business model for the food industry?[J]. British Food Journal，114（5）：681-701.

Kajanus M，Iire A，Eskelinen T，et al. 2014. Business model design：new tools for business systems innovation[J]. Scandinavian Journal of Forest Research，29（6）：

603-614.

Kesting P, Günzel-Jensen F. 2015. SMEs and new ventures need business model sophistication[J]. Business Horizons, 58（3）: 285-293.

Khanagha S, Volberda H, Oshri I. 2014. Business model renewal and ambidexterity: structural alteration and strategy formation process during transition to a cloud business model[J]. R&D Management, 44（3SI）: 322-340.

Kim S K, Min S. 2015. Business model innovation performance: when does adding a new business model benefit an incumbent?[J]. Strategic Entrepreneurship Journal, 9（1SI）: 34-57.

Kimberly J R, Evanisko M J. 1981. Organizational innovation: the influence of individual, organizational, and contextual factors on hospital adoption of technological and administrative innovations[J]. Academy of Management Journal, 24（4）: 689-713.

Kindström D, Kowalkowski C. 2014. Service innovation in product-centric firms: a multidimensional business model perspective[J]. Journal of Business & Industrial Marketing, 29（2）: 96-111.

Kley F, Lerch C, Dallinger D. 2011. New business models for electric cars—a holistic approach[J]. Energy Policy, 39（6）: 3392-3403.

Knecht A K, Bronner-Fraser M. 2002. Induction of the neural crest: a multigene process[J]. Nature Reviews Genetics, 3（6）: 453-461.

Knight K E. 1967. A descriptive model of the intra-firm innovation process[J]. Journal of Business, 40（4）: 478-496.

Kodama F. 2004. Measuring emerging categories of innovation: modularity and business model[J]. Technological Forecasting and Social Change, 71（6SI）: 623-633.

Koen P A, Bertels H M J, Elsum I R. 2011. The three faces of business model innovation: challenges for established firms[J]. Research-Technology Management, 54（3SI）: 52-59.

Kong D Y, Bi X H. 2014. Impact of social network and business model on innovation diffusion of electric vehicles in China[C]. Mathematical Problems in

Engineering，2014（230765）.

Lazonick W，Tulum Ö. 2011. US biopharmaceutical finance and the sustainability of the biotech business model[J]. Research Policy，40（9）：1170-1187.

Lee H J，Kim S. 2007. A study on the development methodology of the business model in ubiquitous technology[J]. International Journal of Technology Management，38（4）：424-438.

Lee J K, Lee J H, Sohn S Y. 2009. Designing a business model for the content service of portable multimedia players[J]. Expert Systems with Applications，36（3）：6735-6739.

Lei D，Slocum J W，Pitts R A. 1999. Designing organizations for competitive advantage：the power of unlearning and learning[J]. Organizational Dynamics，27（3）：24-38.

Lenz R. 2015. Banking 2025—the business model "Bank" in the future[J]. Betriebswirtschaftliche Forschung und Praxis，67（5）：509-529.

Leona S A. 1991. Multiple Regression：Testing and Interpreting Interactions[M]. London：SAGE Publications.

Lindgren P，Taran Y. 2011. Business models and business model innovation in a "Secure and Distributed Cloud Clustering（DISC）society" [J]. Wireless Personal Communications，58（1SI）：159-167.

Liu Y，Wei J. 2013. Business modeling for entrepreneurial firms：four cases in China[J]. Chinese Management Studies，7（3）：344-359.

Loebbecke C，Picot A. 2015. Reflections on societal and business model transformation arising from digitization and big data analytics：a research agenda[J]. The Journal of Strategic Information Systems，24（3）：149-157.

Lopez-Berzosa D，Davila J M，de Pablos Heredero C. 2012. Business model transformation in the mobile industry：co-creating value with customers[J]. Transformations in Business & Economics，11（2）：134-148.

Lorenzoni G，Baden-Fuller C. 1995. Creating a strategic center to manage a web of partners[J]. California Management Review，37（3）：146-163.

Lucchi N. 2005. Intellectual property rights in digital media：a comparative analysis of legal protection, technological measures, and new business models under EU and US law[J]. Buffalo Law Review, 53（4）: 1111-1191.

Lueg R, Pedersen M M, Clemmensen S N. 2015. The role of corporate sustainability in a low-cost business model—a case study in the Scandinavian fashion industry[J]. Business Strategy and the Environment, 24（5）: 344-359.

Lun Y H V, Shang K C, Lai K H, et al. 2016. Examining the influence of organizational capability in innovative business operations and the mediation of profitability on customer satisfaction: an application in intermodal transport operators in Taiwan[J]. International Journal of Production Economics, 171（SI2）: 179-188.

Maglio P P, Spohrer J. 2013. A service science perspective on business model innovation[J]. Industrial Marketing Management, 42（5SI）: 665-670.

Magretta J. 2002. Why business models matter[J]. Harvard Business Review, 80(5): 86-92.

March J G. 1991. Exploration and exploitation in organizational learning[J]. Organization Science, 2（1）: 71-87.

Markides C C. 2013. Business model innovation: what can the ambidexterity literature teach us? [J]. Academy of Management Perspectives, 27（4）: 313-323.

Markides C, Charitou C D. 2004. Competing with dual business models: a contingency approach[J]. Academy of Management Executive, 18（3）: 22-36.

Martins L L, Rindova V P, Greenbaum B E. 2015. Unlocking the hidden value of concepts: a cognitive approach to business model innovation[J]. Strategic Entrepreneurship Journal, 9（1SI）: 99-117.

Mason K, Mouzas S. 2012. Flexible business models[J]. European Journal of Marketing, 46（10）: 1340-1367.

Mason K, Spring M. 2011. The sites and practices of business models[J]. Industrial Marketing Management, 40（6SI）: 1032-1041.

Mateu J M, March-Chorda I. 2016. Is experience a useful resource for business model innovation? [J]. Technology Analysis & Strategic Management, 28（10）: 1195-1209.

Matos S, Silvestre B S. 2013. Managing stakeholder relations when developing sustainable business models: the case of the Brazilian energy sector[J]. Journal of Cleaner Production, 45: 61-73.

McGrath R G. 2010. Business models: a discovery driven approach[J]. Long Range Planning, 43（2~3SI）: 247-261.

Mettler T, Eurich M. 2012. A "design-pattern" -based approach for analyzing e-health business models[J]. Health Policy and Technology, 1（2）: 77-85.

Mezger F. 2014. Toward a capability-based conceptualization of business model innovation: insights from an explorative study[J]. R&D Management, 44（5）: 429-449.

Mezias S J. 1990. An institutional model of organizational practice: financial reporting at the fortune 200[J]. Administrative Science Quarterly, 35（3）: 431-457.

Micheli P, Schoeman M, Baxter D, et al. 2012. New business models for public-sector innovation : successful technological innovation for government[J]. Research-Technology Management, 55（5）: 51-57.

Mihalič T, Žabkar V, Cvelbar L K. 2012. A hotel sustainability business model: evidence from Slovenia[J]. Journal of Sustainable Tourism, 20（5）: 701-719.

Miles R E, Miles G, Snow C C. 2006. Collaborative entrepreneurship: a business model for continuous innovation[J]. Organizational Dynamics, 35（1）: 1-11.

Miller K, McAdam M, McAdam R. 2014. The changing university business model: a stakeholder perspective[J]. R&D Management, 44（3SI）: 265-287.

Mintzberg H. 1979. An emerging strategy of "direct" research[J]. Administrative Science Quarterly, 24（4）: 582-589.

Mitchell D, Coles C. 2003. The ultimate competitive advantage of continuing business model innovation[J]. Journal of Business Strategy, 24（5）: 15-21.

Mittra J, Tait J. 2012. Analysing stratified medicine business models and value systems: innovation-regulation interactions[J]. New Biotechnology, 29（6SI）: 709-719.

Morris M H, Shirokova G, Shatalov A. 2013. The business model and firm performance: the case of Russian food service ventures[J]. Journal of Small Business Management, 51（1）: 46-65.

Mutka S, Aaltonen P. 2013. The impact of a delivery project's business model in a project-based firm[J]. International Journal of Project Management, 31（2）: 166-176.

Muzellec L, Ronteau S, Lambkin M. 2015. Two-sided internet platforms: a business model lifecycle perspective[J]. Industrial Marketing Management, 45: 139-150.

Nair S, Nisar A, Palacios M, et al. 2012. Impact of knowledge brokering on performance heterogeneity among business models[J]. Management Decision, 50（9）: 1649-1660.

Nair S, Paulose H, Palacios M, et al. 2013. Service orientation: effectuating business model innovation[J]. The Service Industries Journal, 33（9~10）: 958-975.

Naveh E, Meilich O, Marcus A. 2006. The effects of administrative innovation implementation on performance: an organizational learning approach[J]. Strategic Organization, 4（3）: 275-302.

Ng I C L, Ding D X, Yip N. 2013. Outcome-based contracts as new business model: the role of partnership and value-driven relational assets[J]. Industrial Marketing Management, 42（5SI）: 730-743.

Osiyevskyy O, Dewald J. 2015a. Inducements, impediments, and immediacy: exploring the cognitive drivers of small business managers' intentions to adopt business model change[J]. Journal of Small Business Management, 53（4）: 1011-1032.

Osiyevskyy O, Dewald J. 2015b. Explorative versus exploitative business model change: the cognitive antecedents of firm-level responses to disruptive innovation[J]. Strategic Entrepreneurship Journal, 9（1SI）: 58-78.

Osterwalder A, Pigneur Y. 2010. Business Model Generation: A HandBook for Visonaries, Game Changers, and Challengers[M]. Hoboken: John Wiley & Sons, Inc.

Osterwalder A, Pigneur Y. 2013. Designing business models and similar strategic objects: the contribution of IS[J]. Journal of the Association for Information

Systems, 14（5SI）: 237-244.

Osterwalder A. 2004. The business model ontology—a proposition in a design science approach[D]. PhD. Dissertation of University of Lausanne Switzerland.

Otto B, Ebner V, Baghi E, et al. 2013. Toward a business model reference for interoperability services[J]. Computers inn Industry, 64（8）: 887-897.

Palo T, Tähtinen J. 2011. A network perspective on business models for emerging technology-based services[J]. Journal of Business & Industrial Marketing, 26（5）: 377-388.

Panagiotopoulos P, Al-Debei M M, Fitzgerald G, et al. 2012. A business model perspective for ICTs in public engagement[J]. Government Information Quarterly, 29（2）: 192-202.

Pateli A G, Giaglis G M. 2005. Technology innovation-induced business model change : a contingency approach[J]. Journal of Organizational Change Management, 18（2）: 167-183.

Patzelt H, Knyphausen-AufseB D Z, Nikol P. 2008. Top management teams, business models, and performance of biotechnology ventures: an upper echelon perspective[J]. British Journal of Management, 19（3）: 205-221.

Peitz M, Waelbroeck P. 2005. An economist's guide to digital music[J]. CESifo Economic Studies, 51（2~3）: 359-428.

Peric M, Djurkin J. 2014. Systems thinking and alternative business model for responsible tourist destination[J]. Kybernetes, 43（3~4）: 480-496.

Petrovic O, Kittl C, Teksten R D. 2001. Developing business models for e-business[C]. International Conference on Electronic Com-merce.

Porter M E. 1991. Towards a dynamic theory of strategy[J]. Strategic Management Journal, 12: 95-117.

Pries F, Guild P. 2011. Commercializing inventions resulting from university research: analyzing the impact of technology characteristics on subsequent business models[J]. Technovation, 31（4SI）: 151-160.

Rai A, Tang X. 2014. Research commentary—information technology-enabled business models: a conceptual framework and a coevolution perspective for future research[J]. Information Systems Research，25（1）：1-14.

Rajala R，Westerlund M，Möller K. 2012. Strategic flexibility in open innovation-designing business models for open source software[J]. European Journal of Marketing，46（10）：1368-1388.

Richter M. 2013. Business model innovation for sustainable energy：how German municipal utilities invest in offshore wind energy[J]. International Journal of Technology Management，63（1~2）：24-50.

Ritala P，Sainio L. 2014. Coopetition for radical innovation：technology，market and business-model perspectives[J]. Technology Analysis & Strategic Management，26（2）：155-169.

Rostow W W. 1960. The Stages of Economic Growth：A Non-Communist Manifesto[M]. Cambridge：Cambridge University Press.

Sabatier V，Craig-Kennard A，Mangematin V. 2012. When technological discontinuities and disruptive business models challenge dominant industry logics：insights from the drugs industry[J]. Technological Forecasting and Social Change，79（5）：949-962.

Sabatier V，Mangematin V，Rousselle T. 2010. From recipe to dinner：business model portfolios in the European biopharmaceutical industry[J]. Long Range Planning，43（2~3SI）：431-447.

Saebi T，Foss N J. 2015. Business models for open innovation：matching heterogeneous open innovation strategies with business model dimensions[J]. European Management Journal，33（3）：201-213.

Samavi R，Yu E，Topaloglou T. 2009. Strategic reasoning about business models：a conceptual modeling approach[J]. Information Systems and E-Business Management，7（2SI）：171-198.

Sánchez P，Ricart J E. 2010. Business model innovation and sources of value creation in low-income markets[J]. European Management Review，7（3）：138-154.

Sanders P. 1982. Phenomenology：a new way of viewing organizational research[J]. Academy of Management Review，7（3）：353-360.

Sandmeier P，Jamali N，Kobe C，et al. 2004. Towards a structured and integrative front-end of product innovation[C]. Research and Development Management Conference 2004.

Scherer F M. 1984. Innovation and Growth[M]. Cambridge：MIT Press.

Seddon P B，Lewis G P. 2003. Strategy and business models：what's the difference?[C]. 7th Pacific Asia Conference on Information Systems.

Shao L，Xue Y，You J. 2014. A conceptual framework for business model innovation：the case of electric vehicles in China[J]. Problemy Ekorozwoju，9（2）：27-37.

Shin J. 2014. New business model creation through the triple helix of young entrepreneurs，SNSs，and smart devices[J]. International Journal of Technology Management，66（4SI）：302-318.

Sinfield J V，Calder E，McConnell B，et al. 2012. How to identify new business models[J]. MIT Sloan Management Review，53（2）：85-90.

Smith W K，Binns A，Tushman M L. 2010. Complex business models：managing strategic paradoxes simultaneously[J]. Long Range Planning，43（2~3SI）：448-461.

Sorescu A，Frambach R T，Singh J，et al. 2011. Innovations in retail business models[J]. Journal of Retailing，87（1SI）：S3-S16.

Sosna M，Trevinyo-Rodríguez R N，Velamuri S R. 2010. Business model innovation through trial-and-error learning the naturhouse case[J]. Long Range Planning，43（2~3SI）：383-407.

Stake R E. 2005. Qualitative case studies[C]//Denzin N K，Lincoln Y S. The Handbook of Qualitative Research. Thousand Oaks：Sage Publications.

Stanimirovic D. 2015. A framework for information and communication technology induced transformation of the healthcare business model in Slovenia[J]. Journal of Global Information Technology Management，18（1）：29-47.

Storbacka K. 2011. A solution business model：capabilities and management practices for integrated solutions[J]. Industrial Marketing Management，40（5SI）：699-711.

Stubbs W，Cocklin C. 2008. Conceptualizing a "sustainability business model"[J].

Organization & Environment，21（2）：103-127.

Tang P. 2005. Digital copyright and the "new" controversy：is the law moulding technology and innovation? [J]. Research Policy，34（6）：852-871.

Taran Y，Boer H，Lindgren P. 2015. A business model innovation typology[J]. Decision Sciences，46（2）：301-331.

Teece D J. 2010. Business models，business strategy and innovation[J]. Long Range Planning，43（2~3SI）：172-194.

Thompson J D，MacMillan I C. 2010. Business models：creating new markets and societal wealth[J]. Long Range Planning，43（2~3SI）：291-307.

Tongur S，Engwall M. 2014. The business model dilemma of technology shifts[J]. Technovation，34（9）：525-535.

Trimi S，Berbegal-Mirabent J. 2012. Business model innovation in entrepreneurship[J]. International Entrepreneurship and Management Journal，8（4）：449-465.

Tsvetkova A，Gustafsson M. 2012. Business models for industrial ecosystems：a modular approach[J]. Journal of Cleaner Production，29~30：246-254.

Velu C，Stiles P. 2013. Managing decision-making and cannibalization for parallel business models[J]. Long Range Planning，46（6SI）：443-458.

Velu C. 2015. Business model innovation and third-party alliance on the survival of new firms[J]. Technovation，35：1-11.

Volkova T，Jakobsone I. 2013. The creation of successful business models through the extended application of design in business in Latvia and Estonia[J]. Baltic Journal of Management，8（4）：486-506.

Warnier V，Weppe X，Lecocq X. Extending resource based theory：considering strategic，ordinary and junk resources[J]. Management Decision，51（7）：1359-1379.

Wei Z，Yang D，Sun B，et al. 2014. The fit between technological innovation and business model design for firm growth：evidence from China[J]. R&D Management，44（3SI）：288-305.

Wells P，Seitz M. 2005. Business models and closed-loop supply chains：a typology[J]. Supply Chain Management-An International Journal，10（4）：

249-251.

Wernerfelt B. 1984. A resource-based view of the firm[J]. Strategic Management Journal, 5（2）: 171-180.

Willemstein L, van der Valk T, Meeus M T H. 2007. Dynamics in business models: an empirical analysis of medical biotechnology firms in the Netherlands[J]. Technovation, 27（4）: 221-232.

Wirtz B W, Schilke O, Ullrich S. 2010. Strategic development of business models: implications of the web 2.0 for creating value on the internet[J]. Long Range Planning, 43（2~3SI）: 272-290.

Wölfle R. 2000. Das e-business project im unternehmen-der beratungsansatz der fachhochschule beider Basel informatics[J]. Information Market Organization, 4（1）: 45-46.

Wu X, Ma R, Shi Y. 2010. How do latecomer firms capture value from disruptive technologies? A secondary business-model innovation perspective[J]. IEEE Transactions on Engineering Management, 57（1）: 51-62.

Yip G S. 2004. Using strategy to change your business model[J]. Business Strategy Review, 15（2）: 17-24.

Yunus M, Moingeon B, Lehmann-Ortega L. 2010. Building social business models: lessons from the Grameen experience[J]. Long Range Planning, 43（2~3SI）: 308-325.

Zook C, Allen J. 2011. The great repeatable business model[J]. Harvard Business Review, 89（11）: 106.

Zott C, Amit R, Donlevy J. 2000. Strategies for value creation in e-commerce: best practice in Europe[J]. European Management Journal, 18（5）: 463-475.

Zott C, Amit R, Massa L. 2011. The business model: recent developments and future research[J]. Journal of Management, 37（4）: 1019-1042.

Zott C, Amit R. 2007. Business model design and the performance of entrepreneurial firms[J]. Organization Science, 18（2）: 181-199.

Zott C, Amit R. 2008. The fit between product market strategy and business model: implications for firm performance[J]. Strategic Management Journal, 29（1）:

1-26.

Zott C，Amit R. 2009a. Business model innovation：creating value in times of change[J]. Universia Business Review，（23）：108-121.

Zott C，Amit R. 2009b. Designing your future business model：an activity system perspective[J]. Social Science Electronic Publishing，43（D/781）：216-226.

Zott C，Amit R. 2010. Business model design：an activity system perspective[J]. Long Range Planning，43（2-3SI）：216-226.